古寺巡礼

〔日〕和辻哲郎/著

谭仁岸/译

上海三联书店

译 者 序

（一）

《古寺巡礼》是日本著名哲学家、伦理学家、东洋文化研究者和辻哲郎（1889-1960）30 岁时出版的作品，初版由岩波书店刊行于 1919 年（在二战中一度绝版），而此次中译所依据的是 1946 年的修订版。

和辻哲郎出生于日本兵库县姬路市仁丰野的一位农村医生家庭，毕业于东京帝国大学哲学系，并且与作家芥川龙之介、哲学家安倍能成、阿部次郎等同属于文豪夏目漱石的门生。关于他的早期著述，可概括如下：24 岁出版处女作《尼采研究》（1913 年），被评价为可与当时欧美研究者比肩的成果；26 岁出版《泽伦·基尔凯戈尔》（1915），乃日本第一本研究克尔凯郭尔的专著，为存在主义在日本的传播铺开了道路；29 岁出版思想随笔《偶像再兴》（1918），呼吁重新激发历史传统的内在生命力；紧接着便是本书《古寺巡礼》的面世。

本书底本是 1918 年作者与友人夫妇巡访奈良古寺时的鉴赏日记，其中一部分以"古寺巡礼"为题连载在同年 8 月到次年 1 月的《思潮》杂志中。1946 年的修订版虽然删除了作者后来觉得"幼稚"的一些文字，但基本面貌并无太大改观。作者重点谈论和热情赞美的乃是被他视为日本文化之顶峰的飞鸟时代和天平时代的佛教艺术。他也试图回答，这些佛教艺术美在哪里？那些"接近宇宙的大光明、最终超越了肉体之界限"的佛像，到底具有什么魅力？创造了这些伟大价值的作者，又是什么样的人？

既然是印象记，那么《古寺巡礼》就不是教科书式的古美术入门，也不是参拜庙宇的指南手册。它介绍寺院佛像的时候，重点不在于系统传授知识，而是将自己的感悟和想象，穿插在各种旅行细节和相关材料之中，自由挥洒，构成了一篇篇相对独立的文化史随笔。作为一个文人哲学家，作者通过佛寺、佛像、佛画、佛典之中所蕴藏的生命力，向读者传递了他所获得的深邃感动及其对古代文化的热烈憧憬。细腻的局部描写、开阔的历史视野、富有哲理的艺术评论、对古都风土的深情追怀，使得该书出版后深受读者厚爱，并且延续至今。在 1946 年的再版序言中，作者也提及，许多读者一再向他咨询何时重刊，其中还有应征出阵、感觉生还机会渺茫的青年。可以想象，当时一定有许多人曾经手持《古寺巡礼》踏上过奈良的大和之路。对于那些去国怀乡的年轻人而言，此书的阅读成为了他们对文化母体的一次深情凝视。

1919 年前后，乃是日本"教养主义"的兴盛时期。知识分子将对哲学、艺术、人格等精神领域的开拓视为至高价值，不断讴歌探索真理的理想主义。哲学家阿部次郎、安倍能成、土田杏村、作家仓田百三等人的著作风靡全国，受到了知识青年的热烈追捧。和辻哲郎也是"教养"时代的推手之一，他在本书中对日本佛教美术与希腊、印度、犍陀罗、中国、朝鲜之关系的回溯探源，恰好顺应了这种探索世界性古典知识的潮流。同时，通过与古寺、佛像、壁画、山水、景物的精神对峙来重新发现自我的做法，也暗合了当时的知识人渴望解除苦闷、寻找救赎的社会心理需求。

今天，"古寺巡礼"已经变成了日语里面脍炙人口的固有名词之一。正是和辻哲郎这种摆脱羁绊的自由书写，才以敏锐的直觉、独到的点评和隽永的文笔，唤醒了沉睡在古都奈良的佛教艺术，一举开启了日本人巡访古寺的风潮，并且影响了后世不少同样主题的作品。例如评论家龟井胜一郎的《大和古寺风物志》(1943)、著名摄影家土门拳从1950年代开始历经二十多年出版的摄影集《古寺巡礼》、作家五木宽之在古稀之年与电视台合作推出的《百寺巡礼》节目(2003)等，可以说都处在本书的互文性网络之中。

（二）

作为将佛教古美术提升为文字艺术的先驱性作品，我们很容易发现《古寺巡礼》在散文写作或印象批评方面的卓越价值。正如韦伯对艺术之永恒性的肯定所言："一件真正'完满'的作品，永远不会被别的作品超越，永远不会过时。"在此意义上，本书依然值得现代读者重新鉴赏。尤其对于中国读者而言，第一次接触这种学理与抒情结合的古寺书写，应该会获得别样的审美感受。

在日本，由于德川政权的保护、户籍管理的需要等因素，寺院相对保存良好，至今依然随处可见。例如和歌山县的佛教圣地高野山,现在依然聚集着 117 座寺院,2004年被联合国教科文组织登记为世界遗产;寺院数量排名日本第一的爱知县,则有 4649 座寺院;京都府排名第五,有 3074 座;奈良县排名第十六,但也有 1751 座,而且知名度更高。加上遍布在其他城市或山野的一般寺院,将日本称为佛教国家亦无不可。这些数量惊人的古刹,已经全方位地融入了日本人的日常生活,故可能大多被视为宗教信仰的载体,而非艺术的宝库。和辻哲郎之前,当然也有专家学者赞美过其中的建筑、雕塑或绘画,但以优美的文学语言,将艰涩的考证辨析包裹起来,普及到大众阅读领域的,和辻哲郎应是第一人。也只有在文学语言中,普通日本人才再次发现了古寺之美——古寺重新被陌生化了。

众所周知,用文字来表现音乐与雕塑都是比较困难的事情,但是在和辻哲郎笔下,各大古寺的佛像无不呈现出前所未有的感人魅力。例如写圣林寺十一面观音:"那里有着神圣的威严、非人类的端美。从微微张开的眼睑之间,透出的是俯瞰人心与命运的观自在之瞳。紧闭的丰满双唇里,含着可以渐挫刀刃之坚硬、稳镇狂风洪水的无限力量。圆润的脸颊,绝非是在暗示肉感的幸福,而是高贵得可以抑制人类的一切淫欲。隐约的金光在黑漆质地上浮现,这五官便在其中暗暗闪耀。望着这一切,我们不由得不相信:这确实就是观音的脸,而非人类的脸。"

写法隆寺百济观音:"抽象的'天',变成了具象的'佛'。我们可以从百济观音身上感受到这种变化引起的惊讶。人体的美丽、慈悲之心的高贵——处于过渡时期的人们，怀着婴儿般的新鲜感动，终于能够理解通过人类形态表现的超人性存在。"

写唐招提寺千手观音："这是'手'的交响乐，其中高昂的笛声或喇叭声有时会像突然的启示一般响起来，那便是如潮水般涌过来的五千手指之间特别出类拔萃的少数大手了。这一交响乐，以刺激人心的个别音符及其和谐——亦即以暗示某种情绪的个别手臂及其集体之间产生的奇妙印象——来让观音之美得以浮现。"凡此种种，不胜枚举。

当然，作者也并非仅仅对着佛像直抒胸臆，他同时在不断追问：这些杰出作品是如何制作出来的？那些工匠是什么人？那是一个什么样的时代？与前面的时代或另外一个空间相比，发生了什么差异？这些差异又意味着什么？例如佛画佛像越往东，就越显得高洁清净，这与佛教教义的变迁有何关系？诸如此类的问题意识，始终贯穿在作者的鉴赏过程之中，也促使他做出了相对应的思考和解释。可以说，《古寺巡礼》既展示了一种新颖独特的观佛经验或曰审美方法，也为读者提供了东西方艺术比较方面的某些理论线索。

（三）

如前所述，和辻哲郎是将寺院、佛像作为艺术作品来书写的。他的方式有点"我注六经"的味道，主要是援用某些历史文献展开大胆的想象，或毫不掩饰地抒发感动和批评。但是，这并不意味着他缺乏自己的文化史美术史观点，概而言之，其学理方面的主张主要集中在以下两点：

第一、强调古希腊艺术对犍陀罗、印度、西域、中国和日本佛教艺术的依次影响，认为印度佛教雕刻、佛窟壁画诞生于"印度之父、希腊之母"之间："笈多王朝艺术乃是希腊艺术精神被移植到印度时开出的最硕大的花朵。""在纪元前后出现的佛教经典，特别是大乘经典在希腊艺术的感染下，其形式发生了明显的变化，佛教的礼拜仪式也在同样的感染下进行了艺术性的重组。婆罗门文化也受到了显著的影响，因为婆罗门文化与希腊文化本属同根生，比较容易接受影响。"

也许是对既往的"言必称中国"的反拨，本书中散落着许多"言必称希腊"的判断和分析："从希腊到东方之间，无论是波斯、印度、西域还是中国，都没有日本与希腊那么相似。""单足高跷虽说是散更戏剧，但也可能继承了希腊cothurnus（悲剧）的传统。"

希腊成为了本书比较东方宗教艺术时最本源的参照对象，但是不仅中国如此，日本也并非是单方面被动接受，反而在某些独树一帜之处展现了特殊的魅力。譬如唐招提寺金堂前面的柱子："这种曲线不会出现在希腊古代建筑里，我们无法从罗马建筑的曲线里感受到如此这般的静谧。"

观赏药师寺讲堂本尊时则不忘强调："这不是我们观赏希腊雕刻时感到的人体之美。希腊雕刻表现的是作为人类愿望的最高投射的理想之美，而在这里，反映彼岸愿望的超越者则是借助人的形态来显身的。"换言之，希腊雕刻是人体的神化，而佛像则是神佛的人体化，可谓"道成肉身"，似人又非人。

诸如此类，无论褒贬，皆可窥见作者的希腊意识是多么强烈。这一方面起因于当时日本知识界推崇希腊文化的倾向，另一方面也充分显示了作者审视亚洲古代艺术时的世界文化交流史视野。这种"开放"的态度，对于理解飞鸟奈良佛教美术的来龙去脉和艺术属性非常重要。

第二、承认飞鸟奈良伟大作品的作者不一定是日本人，但是重视"日本"这一人文地理环境对外来艺术家的刺激和启发，并将外来艺术家纳入日本的文化祖先范围。例如在推测圣林寺十一面观音的制作者时，和辻哲郎提出："没有记录显明这个伟大的雕刻家是不是日本人。但是，即使是在唐朝的文化熔炉之中诞生、培养出来的工匠，跨过黄海来到我们风光明媚的内海时，难道不会感到心情的某种变化吗？漠漠黄土与妙龄少女般清净的大和山水之差异，难道不会引起他感觉上的某种转换吗？如果我们承认这种变化，那么也就必须承认映照在艺术家心眼中的幻象的若干变化。例如观音的脸部表情，便少了一点大陆的呆板，多了几分细腻和敏锐。"

同样，关于药师寺本尊的作者，他如此说道："我们无法知道这个艺术家是什么人，连他是日本人还是唐人都不知道。但无论如何，他都属于我们的祖先，而且是一个罕见的天才。"

通过导入药师寺本尊创作时代的政治、教育、文化背景，和辻哲郎告诉我们当时日本的文化担当者之间，混杂了大量的外国人。这些移民或混血儿，多以学问艺术作为家业，而他们"所创造的新文化，到底在何种意义上是'日本式'的呢？"

可见，此时的和辻哲郎已经开始重视自然人文环境和生活方式对民族文化、艺术创作的深刻影响。十六年之后，他出版了著名的《风土》，从季风型、沙漠型、牧场型的空间角度探讨世界民族的文化特性，其中某些论旨在本书中已能找到蛛丝马迹或思考原型。最明显的证据就在于他描述唐招提寺金堂与周围松林之关系的段落："如果说哥特式建筑留着北国森林的痕迹，难道不可以说我们的佛寺也遗留着松树或桧树森林的痕迹吗？从那个屋檐里难道感觉不到松树或桧树的垂枝吗？金堂整体不会让人联想到枝叶繁茂的老松树或老桧树吗？东洋的木造建筑拥有这种根源，意味着可以把文化差异还原到风土差异。这着实是一件意味深长的事情。"

在探讨从天平文化到平安文化的转变时，和辻哲郎提醒读者注意："不是固有的日本文化包容、摄取了外来文化，而是我们国人在外来文化的氛围之中培育了自己的个性。这种看法，在视外来文化为培育基础这点上，不同于仅把外来文化看做移植之物的观点。从此立场来看，日本人的独创与外来文化并非相互对立，而是从外来文化之中诞生出来的。"

从以上表述可以发现，早期的和辻哲郎并非简单狭隘、本质主义式的民族主义文化论客，他与战后成为主流的"日

本＝日本人＝日语"的封闭民族国家观念一直保持着距离，
同时也与后来包括丸山真男等人的日本文化"古层"论立
场略有不同。丸山说："在大陆文明到来以前，日本就有了
something，并在此基础上接受了外来文化。"但是，在和辻
看来，最根基的东西还是外来文化，而非固有的日本文化。
后者如果存在，也是在前者的氛围之中培育出来的。注意
到这种微妙差异，我们才能明白在二战期间，为何日本的
"相关部门"不允许重刊《古寺巡礼》。

　　当然，本书也接受过若干批评，例如批判作者忽视观
音像之外的其他佛像的宗教意义、缺乏正确的图像学或造
型技术知识、只顾讴歌自己对日本古代文化的赞美而不管
对象的式样等等。和辻哲郎在改版序言中也坦言，学界关
于日本美术史的研究已有较大发展，若要再写类似的书籍，
内容肯定会大为不同。而曾经计划重写本书的他，却终究
无法完成，因为他发现，当初的青春热情已经一去不再复
返。虽然青春热情同时意味着幼稚，但如果缺乏这样的激
情，也就不会诞生大胆而自由的想象力。因此，与其他历
史名著一样，本书也无法避免韦伯所说的学术工作的宿命：
"学术工作要求被'超越'，要求过时。……将来总有一天，
我们都会被别人超越；这不仅是我们共同的命运，更是我
们共同的目标。"学术与进步过程不可分离，或许，作为一
本兼具学术与文学价值的佛教艺术鉴赏作品，我们应该关
注的不是它没写什么，而是它写了什么，又是如何写的。

（四）

日本著名历史学家津田左右吉曾经断定古代日本的所有佛像不过是对中国六朝或唐朝佛像的模仿，甚至觉得乐天的日本人根本无法理解主张空无的佛教。但是和辻哲郎则认为，古代日本文化虽然是隋唐文化的一种模仿，但日本人却以独特的方式提炼、纯化了不断涌入的佛教。对于和辻哲郎而言，古代人寄托在文化物质载体上的生命情感，比起载体本身的真实与否，更加值得钩沉和阐释。就像瓦尔特·本雅明在《论歌德的〈亲和力〉》中说的那样，作品的生命之焰，并不会在历史的柴堆和被体验过的灰烬之中熄灭，而会在批评家的炼金术之中继续燃烧下去。

回想中国，汉传佛教本来也有强烈的艺术化冲动，也以儒释道一体的形式深刻介入过中国文人的审美心理结构和书写传统。"僧言古壁佛画好，以火来照所见稀。"韩愈的《山石》应是比较普遍的寺院纪游中的一次；张继的千古绝唱"姑苏城外寒山寺，夜半钟声到客船"经典地塑造了羁旅与寺院的文化符码联系。然而，中国"古代无名匠师们所创作的大量佛教造像，本为世人解除痛苦，救苦救难，然而它却解救不了自己，除了风雨霜雪的侵袭外，特别是近百年所遭受到的人为破坏更为严重。许许多多的石窟、寺庙被盗窃，其中有不少精美的造像被陈列在西方国家博物馆中或私人家中，而在中国本土石窟寺庙中，不是整身被挖走，就是断头少臂，满壁疮痍，目不忍睹。"美景不再，杜牧在《江南春》中所咏叹的"南朝四百八十寺，多少楼台烟雨中"的迷离景象早已消失在历史之中。今天或今后的中国读者，若想在日常生活中重温这种幽远空灵的宗教美感，恐非易事。本书的翻译，如果能够多少激发一些对逝去的伽蓝墙瓦、庄严宝相或梵钟禅语的缅怀，也就足够了。

　　2013 年 3 月，素不相识的日本文学评论家李澜（江川澜）老师通过新浪微博联系上正在读博的笔者，推荐翻译此书，可惜因为博士论文的写作以及回国工作后的各种繁忙，竟拖到现在，实在愧对李老师的信任与期待。另外，若不是编辑彭毅文小姐的再三鼓励，译事或许会拖得更久，在此一并致以诚挚的谢意。

　　至于此类翻译的艰辛，相信过来人都能体会。其间也得到了诸位师友的帮助，此处便不再一一致谢了。译文若有不妥之处，尚望方家不吝赐教。

谭仁岸

2016 年 12 月 8 日

于广州白云山畔

改版序言

　　此书是笔者与几位友人在大正 7 年（1918）5 月观摩奈良附近古寺的印象记。从大正 8 年（1919）初版发行以来，已过了二十七年，其间遭遇关东大地震，纸版被烧毁，因此在翌年的大正 13 年（1924）又出了新版。当时虽然也想趁机重写，但旅行时的印象不宜事后篡改，只好以并非学术书的借口，继续保持原样。后来笔者移居京都，不断重访旧地，关于此书的羞愧之念也随之愈发强烈，几次想着得闲时好好重写一番，但闲暇未得，就搬回东京来了。数年之后，应该是昭和十三四年左右，收到出版社的通知，说是重新编排的时机到了。笔者便决定借机修订，并让他们提出了需要加笔润色的地方。笔者认为，即使旅行印象无法事后修改，亦可用注释形式补充自己现在的思考。然而，工作却没这么简单。最初的印象记虽然幼稚，却具备有机的关联，局部的修改非常困难，所以需要重写的地方过了几年还是原封不动。其间，社会局势的变化也让此书的重刊变得不合时宜起来。最终，相关部门间接告诉我，《古寺巡礼》还是以不再重版为好。彼时离绝版已经过了五六年，换言之，迄今为止此书已经绝版七八年了。

在此期间，令笔者意想不到的是，有许多人不断索要此书。借我抄抄之类的商量，并非一两次；出征在即，难保生还，因此想在临死之前到奈良一游，如何才能购得此书等咨询也为数不少。对此书一直怀有羞愧之意的笔者，因此更加不知所措了。读者如此厚爱此书，作为作者当然深感荣幸，可这到底是为什么呢？笔者完成此书之后，学界关于日本美术史的研究已经大大发展，类似著作也出现了很多，所以此书曾经扮演的入门引导角色，应该已经没有必要。笔者若再写类似的古美术指南，内容肯定会大大不同的，总而言之，此书应该是跟不上时代了。然而，为何读者依然如此追寻？经过几番思考，笔者想到的答案是，此书里蕴含着笔者如今已经丧失的东西——青春与热情。久居京都十年，笔者几次试图重写一部新的《古寺巡礼》，最终却无法实现，这就意味着，最初的那种青春热情，笔者已经不再拥有了。

念及此处，笔者遂悟到，不能以自己如今的看法或意见来改写此书。若此书的优点是在于青春的热情，这种热情便与幼稚是不可分离的。正因为幼稚，彼时才能强烈沉浸在那般空想里。现在不管如何努力，也难以再演那时候的自由想象力的飞翔了。这么想来，三十年前从古美术里获得的深刻感动，以及被其唤醒的各种关心，是必须原封不动地好好保存的。

据此原则，笔者便自由地修订了旧版，文章里删除的部分比添加的部分还多，也是为了能够更加清晰地再现当时的心情。

昭和 21 年（1946）7月

（一）

阿旃陀壁画的摹本——

与希腊的关系——

作为宗教画的意义——

波斯使臣的画

昨夜，利用临近出发前的一点时间，我在 Z 君那里匆匆看了一下阿旃陀壁画[01]的摹本[02]。画面大得出乎意料，色彩也远比通过相片所想象的漂亮。因为看得急，没留下太详细的印象，但是坐上火车之后，便知道内心已被这些壁画攫住。早晨在京都车站送走 T 君和 F 氏，独自回到餐车里发呆时，这些画又强烈地浮现到意识表层来。

在这些摹本给我留下的印象里，最难忘的是那种独特的色调。色彩的明亮与浓淡状态，与我们平日司空见惯的完全不同。这恐怕是热带国家的风物之反映吧。高温、极度干燥透明的空气与没有水汽的鲜明色彩创造了那种色调，那种完全感觉不到湿润的色调。其中尤其令人不可思议的是一幅大约五六世纪

01　印度阿旃陀石窟壁画，大约建于公元前 2 世纪至公元后 7 世纪期间，被视为佛教艺术的经典。——除了标示"原注"者，以下均为译注。

02　荒井宽方氏的劳作。五六年之后，亦即大正 12 年的关东大地震时，在东京帝国大学文学部的美术史研究室里化为乌有。——原注

的画，构图是山中现出一对紧那罗[03]夫妇，而云中则
有天人奏乐。人物和植物皆用浓色，却给人一种奇特
的冰冷、沉寂之感。例如树叶等，涂着近乎黑色的浓
绿，但严重缺乏光线和空气的痕迹——即使再幽深的
森林也不至于此。我们常把热带国家的强烈色彩和
华丽光线联想到一起，可是这些画的色调却超出了一
般的想象。然而，仔细寻思，以雪山为理想国的印度
人，对冷色具有特殊嗜好，其实一点也不奇怪。对印
度风土一窍不通的人，可能无法判断那种缺乏浓淡、
毫无空气感的色彩在多大程度上是写实的，但至少通
过这种色调，我们可以推测出五、六世纪的印度人习
以为常的情调。当时的印度人，应该没有希腊人那般
快活，连那些衷心讴歌肉体美的人，其心境深处或许
也存在着避光好阴、恐惧白昼喜爱黑夜的倾向。这点
不仅可以从色调中看出，也可以根据壁画上描绘的众
多表情来推测。无论男女，脸上大多浮现着忧郁的表
情。特别是女性脸部那种病态之美，更是有力的证据。
细长的、往瞳孔上方扬起的大眼睛，总显示出某种强

<hr />

03　紧那罗，又名 "乐天"、"歌神"，佛教 "天龙八部" 之一。

烈的歇斯底里的阴暗。因缺少脂肪而显得异常尖锐的脸部轮廓线条，或者那些刻画眼睛、鼻子、嘴唇的细微线条，都完全缺乏丰富感，但同时又横溢着妖艳、惊人、奇妙的美。相反，希腊女人画则仿佛是健硕、丰满、和谐的化身。相比之下，两者的差异一目了然。

　　留在我视线里的，还有印度特殊的写实手法。忘了是哪张壁画了，其中有一个高达一丈左右、乳房巨大的裸女像。脸、肩、腕、胸、腰……无论看哪里，无处不显示出卓越的写实水准。确实，这里有一种锐利地凝视肉体、试图从中捕捉强烈魅力之奥秘的眼光。然而，在画面整体上，写实感就逊色很多，做不到像在一个人体之中所尝试的那么周到。画面构图恐怕是非现实的，因为杂居着各种古怪之物。当然从局部来看，也有构图比较统一合理的地方（在佛传图或本生图之中，有一些画具有非常统一而出色的构图），但就整体而言，似乎画家仅满足于极其象征性的、随心所欲的、童话般的画法。倘若与在庞贝挖掘的罗马希腊风格画进行比较，会是一个有趣的课题，可惜我现在尚无充分的准备。不过可以指出的是，两者在写实上的心境相差很大。画家的本能便是要把看到的东西原封不动地描绘出来，但这种写生本能在此的发挥方式却大相径庭。希腊风格的画家，不管描绘多么空想的素材，都不会忘记如何让它看起来显得自然一些，亦即不会离开写实的基础。然而印度画家虽然可以非常精巧地描绘一个个人体，却在人体位置方面采取了无视自然的做法。例如，刚觉得飞翔在空中的天人，画得非常巧妙、浮动的时候，却看到它紧挨着地上行人的头顶——这种安排完全不考虑两者的关系。这个证据表明，画家不能在心中自然地浮想画面的整体印象。构图不是出自于艺术家的心理图像，而仅是依从于所绘故事的要求。同样，在描绘大乘神话的佛教经典之中，都可以发现这种现象。

希腊风格画与阿旃陀壁画的关系，不仅作为美术史问题具有研究价值，而且为了了解当时世界文化的交流，也有必要把它梳理清楚。关于技法或画具等其他细节，已有专家的研究，但从模糊的推测来看，无论是时代关系，还是罗马文化侵入的程度，似乎都可以证明有些壁画或许出自印度化的希腊人之手——特别是希腊印度的混血儿、那些从幼年开始便在印度的空想文化中长大的希腊人。即使这些画的作者是纯印度人，在某种程度上，我们也不得不承认这些作品流派诞生于印度之父、希腊之母之间。若没有摄取希腊的艺术精神，这种印度艺术就不会出现。只是在咀嚼希腊艺术的强度方面，他们远远高于犍驮罗艺术，因此才得以成为了明显独特的艺术。

阿旃陀壁画的摹本提出了另一个饶有兴味的问题：这类作品作为宗教画，有何必要呢？文艺复兴时期的宗教画可以视为古代艺术在基督教内部的复活，也可以理解为反抗中世纪的人性之解放，而阿旃陀壁画应该作何解释？尤其是以天人或菩萨形象出现的女性脸部和身体的绘法，或者是恋爱场面里的放荡女人的绘法，更是大有问题。文艺复兴期的圣母玛利亚被赋予了丰满的肉体和优美的面容，但是我们可以从中看到，除了作为美之化身的阿佛洛狄忒 [04] 式表达之外，那里还透露出试图表现永恒处女那种不可侵犯的洁净、救世主之母的无限慈爱的努力，而且有些作品对此的表现相当成功。但是，在阿旃陀壁画的菩萨之中，看不到试图表现这种洁净或慈爱的努力，也看不

04　希腊神话中代表爱情、美丽、丰育与性欲的女神。

到对女性身体焕发出来的朝气蓬勃的生命紧张感、生命的丰富充溢的关注，看不到试图描绘这种理想姿态——犹如阿佛洛狄忒雕刻那样——的心境。毋宁说，作者仅仅承认有别于男性而存在的女性、作为诱惑之原理的女性，然后通过绘画来强调自己觉得美丽的部分。特别在表达天人、恋女、故事的画作当中，这点非常明显。看过那些高耸乳房、丰满腰肢之画法的人，恐怕都不会反对这个见解。那里出现的，既非和谐之极致的线与面的美丽交响乐，亦非把生之喜悦提升到神性高度的神秘恍惚，而是直接逼迫触觉的肌肤之柔软、肉体之凸凹。这样的作品，为何会有必要画在佛徒的礼拜堂或住所的墙壁上？抛弃了官能享乐、在山中寺院里追寻真理与解脱的出家人，又为何要日夜亲近这样的画作？

用宗教、知识、道德等来截然划分人类生活，当然是不正确的。那样会把一个具体的生活拆散，无法从有生命力的整体上来把握它。但是，只要不忘记侧面从属于整体，那么以某一侧面的显著特征为标准，暂时把它和其他部分区分开来进行观察，便依然是有必要的。在此意义上，尽管宗教生活与享乐生活偶尔会紧密结合，但还是要细心区分。僧侣的生活，同样无法避免这种区分。佛教的礼拜仪式、殿堂或装饰艺术，绝非属于宗教生活之本质的东西，宗教生活完全可以脱离这一切。隐居荒野，远离色彩音乐等人工之物，仅留下对绝对者的皈依和依赖，然后是绝对者指导之下的克己、忍辱、慈爱的实践——只要有这些便足够了。且不说刺激官能的艺术，即使是提升精神、净化心灵的艺术，倘若仅是享受的对象，也无法把人带进宗教生活。因此，无论是佛徒教团，还是基督徒教会，在拥有原始的朴素活力期间，绝对不会与艺术结缘。毋宁说由于艺术的感性特质，他们更多站在排斥艺术的立场。对于以热烈情感进入宗教生活内部的人而言，这都是极其自然的事情。

但是，艺术确实拥有可以提升人类精神、净化心灵的力量，对此我们也不应该视若无睹。即使审美性移情不是发生在享受者的实际生活而仅是空想世界的事件，也可能会通过展露某种尚未实现但层次更高的自我，而给予实际生活良好的刺激，催生出实践的动机来。例如，在宗教仪式中使用音乐的话，会把人引向叔本华所说的暂时解脱，强烈刺激人们渴望走向法悦和解脱的欲求。阿弥陀经里描绘的净土，接受了所有艺术的装饰美化，这点便透露了其中的信息。于是，因为具备这种为众生指示高层次自我的力量，艺术便可以作为一种手段，用于救赎众生。佛教与艺术的结合，实现了这一可能性。但是，艺术虽然是被作为手段而利用，其本身却具有独行的力量。因此，艺术在寺院内开始自身的活动，丝毫不奇怪。陶醉于艺术的僧徒，会把这种神秘之美体验为净土之福吧。相比起通过宗教来获取解脱，通过艺术来获取陶醉显然要容易得多。想及此处，便可明白这样的事态发生之易了。

阿旃陀壁画恰恰实证了这一点。壁画的作者，恐怕并不在佛教戒律的束缚之下。在这个僧堂居住、在这个礼拜堂诵佛的人们，也没有强烈感觉到应该断绝官能享乐的要求。灯火隐约映照之间，男男女女的各种姿态、华丽排列的无数佛像等带来的奇异且强烈的刺激，应该给了他们不少陶然的心醉体验。即使把这些体验理解为某种宗教感觉，那也是通过艺术享受来获取的，而不是来自于俗家生活里那种迅速会化为厌倦与痛苦的直接享乐。

这并不意味着他们不信佛。但他们所信的，是饶恕一切、万人皆可成佛的宽容之佛，而非命令他们遵守戒律和精修的严厉教主。因此，装饰着画像与雕刻的石窟内部，作为极乐净土的缩图，便可提供一种令人预感到终极净土之福的美妙机缘。

另外一个有问题的作品是，画着波斯使臣的大约三尺的小幅画作。只有此画的色调与其他的完全不同。整体画面的颜色有着舒适的平衡感，温暖而充满细微差别。构图也非常巧妙：一个波斯人，以及环绕他的四五个女人。人物轮廓的线条也异于其他画作。与其他摇摆在无线条画与线条画之间的作品相比，可以说只有此画属于线条画。此画的出类拔萃，让 Z 君感到很不可思议，说可能是阿旃陀之中继承了某种特殊传统的画家，也许与犍陀罗或西域绘画有关系云云。确实，只有此画具有特殊的精神与美感，注意到此处，才能看出画中来自波斯的影响。斯坦因[05] 的《古代于阗》里，有一张图片是裸女立于莲池之中，旁边画有两尊佛。感觉非常清纯，情绪上与印度画相当不

<hr />

05　马尔克·奥莱尔·斯坦因（1862-1943），英国考古学家、艺术史家、地理学家，二十世纪初重点考察过中国新疆与甘肃。

同，但在画法上却与此画有某种共通之处 06。

波斯使臣画有一个特别引人注目的地方，就是位于波斯人右肩的女人脸部的诱惑表情。这是在希腊美术里看不到的印度独特的女性美，典型地反映了印度人如何地畏惧女性、又如何地热爱女性。这与中世纪的维纳斯堡 07 传说中出现的欲望相似，尚未被希腊人所知。这种欲望很可能是来自于印度，然后首先流入亚历山大港一带。是要肉体的迷醉，还是要灵魂的救赎？男人在这一选择面前战栗时，进入他们眼帘的女性美，正逼真而典型地体现在这幅画里。

不过，和其他作品不同，这幅画并非宗教画。倘若禁欲的僧人必须日夜与它近距离接触，那将等同于苦行修炼时端坐针毡了。此画具有蛊惑般的魅力，美是美，但同时又是可怕的。

（五月十六日）

06 据说为保存壁画而在画面上涂漆时，位于天花板的此画，没有被涂上，因此保持着新鲜的颜色。因此，可以说此画的色调显示了阿旃陀壁画的原本色调。——原注

07 官能的神殿、爱欲的象征性场所。

（二）

哀愁的心——
南禅寺的夜晚

许久没回家探亲了。昨夜在父母兄弟那里过了一宿，今朝告别后，坐在列车上，不觉被一股莫名的哀愁堵住了胸口，窗外安静飘洒的五月细雨，也深深地渗入心头。大慈大悲，这一语词的滋味竟然情不自禁地涌了上来。

　　昨夜父亲说：你现在所做的，于道有何益？对救赎颓废的世道人心，能有多少贡献？我无言以答。若是五六年前，也许马上就反驳了，但是如今，我却不得不对父亲发出此问的心境表示由衷的敬重。父亲对守道有着强烈的热情，片刻不忘医者乃仁术，是为了践道宁可抛弃一己福利和安逸的人。而我这不肖子，却总是游手好闲，净走旁门左道。这段时间，也正是自己也渐渐对这种摇摆不定感到厌倦的时候，恰好被父亲的追问击个正着。

　　实际上，我自己也认为古美术研究乃是旁道。这次的旅行，无非是想通过享受古美术之力，来洗心革面、丰富精神而已。本来，鉴赏也是需要一些研究的。写一些印象记，给同胞传达古美术的卓绝之美，也不是没有意义的事情。但是，这些显然不是能够满足我的根本欲求的工作。虽然兴致勃勃，但还没到可以下定决心把它作为自己的唯一事业、第一事业的程度。

　　细雨终日淅淅沥沥地下。半隐在云雾之中的比叡山，仿佛在冒烟，让逐渐靠近京都的我，忽然感受到了古都那种湿润的氛围。

（五月十七日）

　　黄昏时，婉拒了邀我去看戏的丁君，到南禅寺畔的叔父家里吃晚饭，同时观赏庭院树木对面那云雾缭绕的比叡山。这是一个悠闲寂静的夜晚。然而，尽管知道要放下享乐去做该做的事情，我的心，却早已像放荡之徒一样驰向了美术的享乐。想起试图要匆忙离开叔父家的自己时，内心不由地打了一个寒战。

　　就寝之后，我翻开了《甲子夜话》。里面有一节说道："人皆云杨贵妃容姿消瘦无比，然天宝遗事有载：'贵妃素有肉体，至夏苦热，常有肺渴，每日含一玉鱼儿于口中，盖藉其凉津沃肺也。'若如此，则杨贵妃实乃胖女也。"另外还录了林氏的说法：能乐来自宋代戏剧，雅乐来自唐代伎乐等。此书充满随笔风味，颇有意思。

　　外面传来阵阵水声。它们从南禅寺内流进这个庭院，淌过杜鹃花群，进入池内，然后绕过水车，流向屋外。据说兰学者新宫凉庭[01]从长崎归来，在这里开设顺正书院的私塾时，率领一帮弟子从加茂河边搬来石头，造出了水流和池子。房屋也还是当时的模样。赖山阳[02]死前的一两年常来此处游玩，说不定他也曾在这个房间里睡过。好像从那个时候开始，这个水车就被这户人家用来舂米了。——建筑虽然是普通的书院建筑，但屋檐的坡度和走廊的样式，却显露出最近的建筑里看不到的气派来。看来即使在天保时代[03]，这方面也比今天要出色。

（五月十七日夜）

01 1787-1854，日本的荷兰医学家，曾留学长崎，后返回京都在南禅寺附近开业行医。

02 1781-1832，江户时代后期著名历史家、思想家、汉诗人。

03 江户年号，1830-1844 年。

（三）

若王子*的房子——

博物馆和西域壁画——

西域佛头——

犍陀罗佛头和广隆寺的弥勒

早晨，我穿过南禅寺，往位于若王子的 F 家走去。天空晴朗漂亮，F 氏的房子隐现在枫树鲜明闪耀的嫩叶之中，仿佛浸泡在绿色里面。从二楼望去，只能看见都城酒店一带，剩下的就完全被山野的新叶包围了。随着树木种类的不同，各种新叶的颜色也略有差异，看上去好像是从地上层层叠叠地涌上来似的，仿佛激烈的交响乐，会颠覆人们的感觉。所以，只要眺望上五分钟，就会觉得远远地离开了人间世界。离电车道不到十町的地方，竟然隐藏着如此幽静的场所。这就是京都的传统优点，在文艺里面也可以觅出其显著的影响。

　　这个建筑，位于五条坂的后巷，本来是清水烧[01]职工的宿舍。F 氏偶然散步经过，发现之后就搬了过来。虽然柱子和地板皲裂不堪，但是仔细磨洗之后，相当别致的茶室和房间都渐渐显露了出来。屋檐的兽头瓦据说是初代道八[02]的作品，那应该是文化年间[03]的建筑了，非常纤巧，各个角落都是匠心独运。

~~~~~~~~~~

01　京都陶窑的称呼。

02　即高桥道八，日本江户时代的陶艺家。

03　指 1804—1818 年之间的时期，属于江户时代，商人文化显著发展。

茶室之外，尚有两间房，二楼是一间房，面积不大，但巧妙设计了走廊和一张或两张榻榻米大的小房间，给人很宽敞的心理感受。因为缺乏简朴的妙趣，也许呆久了会有点倦腻，但是作为江户文化最为纤细的时代建筑，还是深有意味。

临近中午，我和F氏、T君三个人一起去了博物馆。大谷光瑞氏带回来的库车、于阗等地的挖掘品，非常有意思。

光从这些西域壁画的碎片来看，西域画在技巧上远比阿旃陀壁画幼稚。漫不经心地画了两条直线的鼻子、胡乱拉长线条的眉毛等，让人觉得似乎是在戏耍而已。但用戏耍的态度来创作佛画不太可能，也许是那些作为业余画家的僧侣们的作品吧。鼻子眉毛的画法虽然很幼稚，但画面整体还是具有富有精神性的清净之美。

线条虽然杂乱，但感觉得到生动的力量。明暗法的运用虽然还比较笨拙，却给人写实、新鲜的印象。色彩大胆，保持着爽朗的和谐。造型方面，也可以说显出了见于后期印象派画作的无技巧趣味。这种特征，反而很难从阿旃陀壁画那种专家的技巧之中诞生。从中我们可以看出，这些业余画匠虽然技巧不太熟练，却有着试图描绘自己内心图景的无上热情。

或许，在这些为了传道而从印度跋涉到中亚、信仰热诚的僧侣们看来，阿旃陀那种极度唯美的仪礼，仅是一种颓废的症候而已。犍陀罗地域的简朴艺术，反而可以唤起他们内心的共鸣。我不太清楚犍陀罗绘画，但从雕刻类推，若是那种写实、清洁而且遗留着几许粗糙的艺术，应该很容易被有才华的业余画匠所模仿。一般而言，专业画家肯定不会如此描绘那个留着胡子的波斯或希腊男人的手部。那只手的手指根处，画家仿佛嫌麻烦似的，只画了一条直线。若是专业画家，有画这条直线的工夫，还不如正常地画出逼真的手。前面所说的鼻子画法也是如此。若是画惯了人脸的人，亦即知晓如何用线条来呈现鼻子形状的人，只要不是故意开玩笑，肯定不会采取这么贫乏的画法了。话虽如此，这些又似乎不是随意的涂鸦。看来只能认为，这些西域画的作者，是喜爱犍陀罗美术的僧侣当中那些具有绘画才能的人。

确实，比起印度画，这些画更能让人体验到深刻的精神性内容。这是高于官能美的深刻美感。例如那尊

49

菩萨（？）⁰⁴的面孔，若从技巧而言，或许很拙劣，根本无法与阿旃陀壁画相比，但是这尊菩萨的面孔更能给人强烈的感动。它具有神秘的深度，若一直凝视的话，会被带进某种奇妙的、幻觉般的恍惚之中。简单勾勒出来的眼睑，微微含笑的嘴唇，都带着难以言表的特异感觉。

同样一批挖掘品里，有四个佛头显然是受到了唐朝的影响。我边看边想，如果要研究佛教美术的东渐，必须密切关注眉眼鼻耳的画法之变迁才行。因为在印度雅利安族、希腊人与东方人的混血儿，特别是带着亚洲人之血的混血儿、土耳其、蒙古等不同种族之间，绘画技法的传播会因模特的变迁而发生变化。例如，眉眼之间那条细线的位置渐渐发生移动，可能就说明眼睑较厚的蒙古人或中国人开始成为了模特。细长的弓形眉毛不也同样在暗示这一点吗？犍陀罗雕刻里面显然也有以蒙古人为模特的作品，无疑，这一做法在中亚也会被广为利用，进入中国以后，更是产生了巨大的变化。或许，这点真的可以通过以上所说的模特推移来证明。

~~~~~~~~~~

04　问号为原著所有。下同。

伴随着种族的差异，被奉为理想的脸和体格会发生何种变化？这一问题与文化传播有关，颇有意思。例如佛画越往东，就越显得清净高洁，这与佛教教义的变迁有何关系？或曰与当时各个民族的内心欲求或问题意识有何关系？这些都是值得探究的问题。

进入中国的西域美术愈显庄严，更加富有"佛"之色彩。这点只要比较同批挖掘品里的犍陀罗佛头与端坐在推古 05 天平 06 展览室之中央的广隆寺弥勒（释迦？）雕像即可明白。该佛头在写实方面确实令人过目难忘，但无论如何也比不上弥勒像的超自然伟大。这尊弥勒，在我国佛像当中，可以说是最显著地表现了犍陀罗风格的作品。无论是造型的逼真，还是

05 指推古天皇在位时期（554—628 年）。推古天皇是日本历史上第一位女天皇，她支持圣德太子推行了一系列政治改革，并兴建寺院、派遣遣隋使等。

06 从广义上说，天平时代即奈良时代，指从 710 年迁都平城京（奈良）到 794 年迁都平安京（京都）的这段时期。而在狭义上指圣武天皇统治的天平时期（724—748 年），深受唐文化影响，是奈良时代的全盛期。作为文化史或美术史的时代区分，则有天平文化之称，前接飞鸟文化、白凤文化，后启平安时代前期的弘仁、贞观文化。

厚重宽大的衣裳褶皱的奔放、大胆和自由，都摆脱了中国的修饰性动机的束缚，直截了当地塑出人体来。尤其是它最大限度地展现了作为雕像的可能性。在我国佛像里，最接近西洋雕塑的可能就是它了。而且，尽管风格是希腊式，但弥勒像给人的印象却完全是属于佛教的。威严而有力的脸庞，焕发出印象不是理想化的人，而是借助了人形的超自然者。犍陀罗佛头所追求却没有完成的东西，弥勒像做到了。在这尊弥勒像 07 的面前，我们确实可以说，希腊式、佛教式的美术进入中国之后首次获得了成功。

―――――――――

07　广隆寺的宝物殿完工之后，此雕像便迁回去了。——原注

（四）

东西洋的浴室

从京都到奈良——

酒店的餐厅

洗完澡之后便要就寝了，这时候还是觉得西洋浴室无法像日本浴室般给人一种极其放松的心情。从浴室出来，一坐到放有信笺的西式桌子旁边软塌塌的椅子里，身体便会自然地想提笔工作，这完全不同于从日本浴室出来之后的感觉。

西洋浴室是事务性的，而日本浴室则是享乐性的。西洋浴室仅是洗涤身体污垢的设备，换言之，与厕所的意义无异，而日本浴室则是人们享受温水的皮肤感、热度、泡澡之后的清爽或者悠闲的场所。因此，西洋浴室可与厕所一体，但对日本人而言，即使是再干净的厕所，从某种无法用干净解释的美感来看，依然觉得那样不妥当。这种区别颇有趣，令人想做一番散漫的文化史考察。

一般认为，享受温水是东洋人的风格。东洋的热带国家虽喜沐浴，但亦可认为具有相同意味。西洋也并非没有这种东西，不过那是土耳其浴室之类，是引入了东洋风格的。说到热水，西洋人大多用来喝，而非像日本人这样浸泡享受。在中国古代文艺里，浴泉之享乐总与美酒佳人的享乐相连，做官能的歌咏，而西洋是否存在这般文艺，则不得而知了。不过，在罗马时代，入浴盛行，私宅浴室也好，公共澡堂也好，纯为享乐而建，尤其公共澡堂，更是极尽奢华。建筑物里是宽阔的圆形天花板，地上多用大理石铺设，有冷水池也有温水浴槽，有脱衣间也有化妆室，所有空间都以美柱、雕刻或壁画装饰，人们在其中游泳、温浴、热蒸、杂谈，或做其他娱乐活动。——但是，罗马人不过是青出于蓝而胜于蓝，因为他们的这个风俗是从希腊人那里学来的。而希腊人在家里入浴，又是学自东洋人，并且最初仅是为了在战争或运动之后消除疲劳而已。洗浴被用于享乐的，乃是在《奥德赛》所描绘的奢侈国度、亦即那个神话般的菲埃克斯国。小亚细亚或南意大利一带的殖民地开始享受奢靡之后，流风也就普及周边。奢侈和淫靡之先驱的锡巴里斯城的市民，带动了蒸汽浴室的流行。混浴风习也同样来自东方，和温水浴一起备受欢迎。赫西俄德或者阿里斯托芬都多方指责过这种怠惰软弱之习的危害，但是毫无效果。——亚历山大大帝死后不久，雅典就出现了国立浴场，男女混浴也开始风行。不管如何看，入浴习俗都还是从东洋传过来的。亚历山大大帝看见波斯大流士王的浴室时，惊讶不已，若从这一角度来看就更能理解了。

但是享受温浴这一传统，在中世纪以后的欧洲并没有得到广泛传承。当然，人类都有必要冲洗身体，因此一般家里都有浴室，如果没有便会有公共澡堂，但是这仅是"必要之物"，而没有成为"享受之物"。丢勒[01]所画的公共浴场里，女人们看上去匆匆忙忙，都是恨不得早点完事的样子。苏珊娜入浴的作品里虽然画了各种各样的人，但没有一个表现出我们所熟悉的入浴心境。即使存在以享受为目的的土耳其浴，也仅是特例，并没有完全融入西洋人的日常生活。只要看西洋浴室的那种结构，便可断言西洋人不懂浴室之妙趣。

　　东洋浴的传统，不知在中国或印度如何，总之在日本是繁盛不息。当然，日本人的入浴趣味，最初也是受教于中国的，在那之前，大家无非是去河边做水浴而已。但是，唐代诗人的兴致，很偶然地在日本人性格之中发扬光大，经过几个世纪，已经深深渗入了乞丐之外的日本人心中。浴桶再怎么脏，日本人都不

01　1471-1528，德国文艺复兴时期著名的油画家、版画家、雕塑家及艺术理论家。

是例行公事，而是在享受。这不是过火的颓废趣味，而是日常生活里不可或缺的、与米饭具有同等意义的天真享乐。

也许，不是日本人的话，很难明白裸身浸泡在柔滑的温泉水里的女人之美。同时，丝柏木吸足温泉之后的肌理之美，恐怕也是难与外人道也。

西洋浴室里，其实只要另建身体冲洗处，再让那浴槽保持灌满温水即可。这种改良不会太费功夫。西洋人不做此功课，只能让人觉得他们不懂入浴之趣味了。

从京都到奈良的列车，甚是脏乱，而且摇摇晃晃，令人心情不快。不过，相对于此，沿途的景色却可以补偿有余了。从桃山到宇治那一带，竹林、茶园、柿子树很多的柔和斜坡，都带着安详和平之色。茶园完全被主人掩盖住了，欣赏不到那种层层绒绒之态，但也能感到茶园特有的趣味。柿子树已被嫩叶包住，看不到虬曲的骨架，但它们尽情舒展枝桠、并排立在麦田里的光景，却是他处少见的。这种景色能培育出文人画的趣味，可谓理所当然。

沿途感到有意思的另外一件事是，有时能看到脸部仿佛天平雕塑的女人。也许是我的错觉，但雕塑与模特的关系本来极其密切，所以如果结合此地女人的骨相研究，说不定可以弄清楚天平雕塑是如何从此地诞生的。

抵达奈良时，已是黄昏。在房间里放松坐下，隔窗眺望浅茅原对面的若草山一带的新绿时，整个人渐渐陷入了一种迥异于京都的心境。是的，奈良更加显赫，更加张扬。怪不得从悄然隐藏在若王子深处的那个房子里呆了两夜过来的Ｔ君，说总觉得奈良的景色无法让人宁静。确实，《万叶集》与《古今集》的不同，从景色里也能体会得到。

餐厅南端的暖炉旁，坐着一个没有同伴的美人。稍带黑色的头发蓬松地卷着，却覆盖着白色额头的左右两边和眉毛上方。西班牙人般的大眼睛，脸颊潮红，穿着低领的白色薄衣，圆润的手臂完全裸露在外。而在我近处的一张桌子上，围坐着一家人。男主人身材魁梧，皮肤白皙，垂着长长的黑发，似乎是法国人。他的跛足，应该是战争中负伤造成的吧。一位赤足的中国乳娘陪着一个大约四岁和一个大约七岁的孩子。太太依然年轻貌美，但却比不上女儿——一位身材苗条、看上去非常温顺的姑娘——的纯洁之美了。这位姑娘的脖子长得令人过目难忘，我以前只在画里见过，看到真人还是第一次。——本是为了古寺巡礼而来到奈良，却对这番国际风景看得津津有味，也许会让人感到奇怪，但是我自己的心情并没有丝毫的矛盾。我们试图巡回礼拜的是"美术"，而非救济众生的佛陀。即使我们在某尊佛像面前，衷心俯首，被慈悲之光感动得泪水涟涟，恐怕也是因为被发挥了佛教精神的美术之力量所击败，而不是因为在宗教上皈依了佛教吧。我们并没有完全宗教性地超越自己的感性。因此，在餐厅里，我们心情愉快，大饱眼福的同时也大饱了口福。

饭后，我与Ｔ君到阳台上眺望风景。水池对面的旅馆二楼，一群酩酊大醉的男人搂着艺妓在喧闹。兴福寺高塔的黑影，与摇曳在弦歌里的灯影，同时映照在池面。透过树上的嫩叶看到这一景象，也是颇有意思的。我们俯瞰着这一切，慢慢沉浸到了安静的杂谈之中。

（五月十八日夜晚）

（五）

废都之路——

新药师寺——

鹿野苑的幻境

今天早上，Z君夫妻也赶到了。一见面他们就说起了昨晚在东京举办的希克拉的演奏会。Z君为了听这个演奏会而延迟了出发时间。

稍微整顿好之后，Z君便马上干脆利落地安排起古寺巡礼的行程来。我们定下的计划有点贪婪，就是要在十天左右把重要的地方都逛一遍。

我们从中午开始前往新药师寺。渐渐临近郊外的寂寥之处时，只见在石头散落、凹凸不平的道路两旁，不断延续着破败的瓦顶泥墙。簇拥在墙头之上的茂密新叶，更加衬托出废都独特的沧桑。我因为自幼看惯了这类泥墙，更是多了一层从追忆里生出的淡淡哀愁。较多占用墙壁的人字形建筑方法，也会唤起同样的情怀。这一带的人字形屋顶，斜度平坦，分寸恰好，带着古风的妙趣。三月堂屋顶的那种感觉，似乎还隐隐约约地保留在这带民居的屋顶上。古代的好建筑，看起来还会继续给这附近带来某种韵味。

走过废都气息越来越浓郁的窄道，来到附近有麦田的地方，最后我们的脚步停在了一扇门前。但是仅站在此门前，并不会觉得有与来时路上景色截然不同的东西在等待我们。进了门，看到兀然耸立在眼前、修葺之后还留有痕迹的本堂侧面时，才哎哟一声，感到了轻微的惊讶。绕到本堂正面，从稍远处端看本堂整体时，这种惊讶开始变得强烈起来：这么出色的建筑，为何会藏在这种地方？建筑之美所导致的恍惚心境，便因此而多了一份难以名状的新鲜之感。

这座本堂，据传乃由光明皇后下令修建，虽然历经几度维修，但现在依然保持着爽朗而优美的和谐，也不无天平建筑那种根深蒂固的刚健。伫立在这座本堂前面，首先由不得你否认的便是，天平建筑特有的确切感。仅以如此简朴的结构，便可给人如此伟大之印象的建筑，在其他时代难觅踪影。但是此堂的特征却是一种极其轻快的感觉。由此生出的柔和，全面显现在整个本堂上。恐怕这是因为采用了无天花板的"化妆屋顶"[01]，并且把整体房子降低了的缘故。不过，比起本堂的优美，我们更应该关注本尊药师像以及位于他堂的香药师像。

01　一种不设天花板、可以看到屋顶内部梁木的建筑样式。

※ 新药师寺本堂

本堂里面，有一个圆形佛坛，本尊药师位于中央，四周则站立着十二神将。药师严肃的脸部被香火熏得泛黑，佛像雕刻里很少见的大眼睛在其中熠熠生光。从正面看的话，药师像的面相，由于烟熏的缘故略显奇怪，但仔细端详，却是轮廓鲜明，非常好看。转到侧面，看其侧脸即可明白。从肩膀到手腕的造型，有着强力到令人畏惧的厚重感。如此威严大方的木雕作品，还真是难得一见。整体不仅是由一根木头雕刻而成，而且各部分非常紧凑、统一。正因为这种高超的雕刻本领，此像才显出了咄咄逼人的力量。

以前在课堂上，我记得关野博士讲过，此像可以视为天平佛，我们议论时却觉得也许是弘仁佛。因为那衣纹的刻法之强韧、活泼，让人不得不作如此判断。

至于香药师像，今天则碰巧无缘一睹 02。

返程的时候，我们穿过了春日公园里面那条寂寥的道路。那里的古森林，无论何时观看，都是令人着迷的。漂亮的嫩叶，现在都长得差不多了。仿佛太古以来就一直耸立在此的巨杉和丝柏，在嫩叶之中尤其惹人注目。藤花盛开，紫色甚至蔓延到了高高的树梢上。试图在此实现鹿野苑之幻境的古人之愿望，似乎至今还飘荡在这个森林里面。但是，一步踏出，进入外面的大路时，便是完全不同的、"观光地"特有的平民游乐光景了。从中也可以体验到只有在奈良才有

02 香药师像是白凤时代的杰作。曾遭偷盗，被割去了头部与脚部，但还不至于损害整体印象。第一次来访时，正值遇盗之后，被严密封存在仓库里。之后建好了以此药师像为本尊的御堂，遂可以打开佛龛，任人膜拜了。在灯明斜照之下的香药师像，实在是好看到无以言表。隐隐浮出微笑的脸部，衣服的柔软褶皱紧贴胴体，没有造作矫饰的技巧，只有天然诞生般的朴素。但是作为作品又毫无破绽，真是令人敬畏的简洁效果。脸部的造型，简单到貌似幼稚，然而又显露出非常细腻、深刻的感觉。你可以尝试挪动映照在雕像脸部的光线，从各个方向来观赏。那简单的造型上，便会产生意料不到的复杂的浓淡阴暗。能够雕出此种作品的人，必是巨匠。这一点也体现在铜的用法上。铸造方式看起来似乎非常笨拙，但却丝毫没有僵硬和不熟练的痕迹。真是令人惊叹的技术。这个香药师像，近年来已经被偷盗过两次。——原注

的感觉。这也不错，然而这种感觉和三月堂等等的古典式印象，毫无关系地各自存在，非常不可思议。

我们也进了兴福寺的金堂和南圆堂，但是因为身体疲劳，没留下什么印象。不过，南圆堂的壁画倒是引起了我的注意。

在晚餐的餐桌上，我们一边听Z君讲述美国酒店的故事，一边继续欣赏昨夜那样的光景。

（五月十九日夜晚）

(六)

去往净琉璃寺的道路——

净琉璃寺——戒坛院——

戒坛院四天王——

三月堂本尊——

三月堂诸佛像——

今天我们去了净琉璃寺[01]。本想午后回来，出发前还吩咐别人准备了午饭，结果，却比预想的花时间，也比预想的有意思。

一到奈良北部郊外，马上就是山城。这不仅是名义上的区别，实际上氛围也确实不同于奈良大和王朝了。跨过奈良坂，景色便忽然改变。道路穿过小山腹部，而此山覆盖着薄薄的红色沙土，极其瘦瘠，除了茎部颜色漂亮的纤细赤松之外，几乎没有像样的树木。即使如此，赤松也仅是一群群长在道路下方的山麓，其他地方就只有不足三尺的杂木或小松不均匀地扎在山上，稀稀疏疏地，连山坡都没法完全覆盖。就在这不均匀的空处，正杂乱地盛开着一片一片的杜鹃花。这种景色的感觉，与三笠山或南面的大和群山相当不同。但是，我却比较熟悉这种干燥的、沙砾较多的秃山。在这种地方，即使是小孩，也可以自由地玩起串爬山峰的游戏。刚好现在是可以到处收集做柏饼的嫩叶——不够的时候，便用烧饼蔷薇那种滑腻的

01　位于京都府相乐郡当尾村。在奈良东北部大约一里半的地方。——原注

圆叶——的季节了。杜鹃花的桃色或薄紫色，也会让孩子们生出热闹过节般的心情。这时候，下到山间溪流去戏水，也不会觉得冷了。孩子们仿佛融入了山中一般游乐，一直玩到吱吱的蝉鸣让人觉得孤寂起来。二十年前我就是这样的。想起这些，我便好像回到了故乡一样眺望这些景色，一点都不觉得腻味。途中的这种感觉，一直奇妙地停留在我心中，直到抵达净琉璃寺。

但净琉璃寺不是一下子就到的。道路依然崎岖。出了山区进入村落，通过几座貌似目的地的山，又进入山里，不久才到了有着名门旧宅的漂亮村子。而且雨后的路泥泞不堪，坐在车上非常颠簸。我们本来在车上欣赏田野与山峰那种美丽的色调搭配，最终还是忍耐不住，除了Z太太之外，都在狭窄的乡村小径上下车了，然后穿过嫩叶迷人的柞树林、刚刚冒穗的麦田，一边擦汗一边徒步而行。来到寺庙旁边的村子时，Z太太也无法例外了，她不得不下车走那滚落着小石头的危险陡坡（也是仿佛会蜿蜒通到某个村民家后门的奇异小道）。大路那边的山崖滑坡，估计已经不通了。然而，我们鼓起干劲要征服的陡坡却意外地短，一下子就到了山顶的平路。以为这下可以安心行走了，但这条路却长得仿佛没个尽头。矮赤松林之间，依然是绽放的杜鹃花，路旁偶尔放着石刻的地藏菩萨。茂密高耸的竹林之间看到人家了，听到水流潺潺，极有幽远之趣。以为就到寺庙了，却发现只是一个水车屋子。在山下眺望时，看起来靠近最顶峰的房子，可能就是它。没想到已经爬到这么高了，同时又想：究竟要爬多高才行……不久，当我们蹒跚地爬到了一个巨大的岩石探出路旁山崖的地方时，眼前豁然开阔，原来是一片平原，有着似乎也能变成水田的麦地。有村庄，有树林，有小山，一副悠然的农村风光，没想到竟然会在这种高山顶上。净琉璃寺就建在此村的一隅，仿佛专属于这个村庄。这也是我们预想不到的，但是这里给人某种难以名状的安宁之感。就这样，在本来应该已经返回到奈良坂的时候，我们终于抵达了净琉璃寺。

　　站立在山村的麦地之间，凝望寺庙的小门、白壁，以及从上面俯瞰而下的松树等充满野趣的风景时，一种似曾相识的感觉忽然向我袭来。入门之后，最先映入眼帘的是位于本堂与塔之间的清寂小池的水色与芦苇嫩芽的颜色。那种澄净到奇特的、浓厚又冷清的色泽（尽管确实是初次看到的少有景象），并没有让我产生陌生感。背负青山、恰到好处地嵌在庭院之中的优美本堂，以及耸立在庭院稍高的一角、颜色凋落的小小三重塔，对我而言仿佛也不是初次所见。走在本堂前的白砂上，我一直摆脱不了这种恍恍惚惚的感觉。

　　这是一种什么样的感觉呢？此山虽然不高，但在山上，有着一个似乎与下界隔绝的悠闲村庄。村庄里有着与自然相拥、优美和谐的小塔与本堂。某种滋润人心的爱意，飘溢在这里的所有事物之上。这光景对于现代人来说，也许过于淡泊过于平凡了，但是在我们的心灵追寻安宁与休憩的时候，便会以一种神秘的魅力，触动我们心底的某种东西。对于古人怀有的桃源之梦（也许是这种梦想与净土憧憬相结合，使得他们选择了此地，并且建造了这个水池旁边的庙堂），我们一直觉得乃是与己无关的古代逸民之空想。但是，直面呈现了这一梦想的山村寺庙时，我们才发觉，自己内心也具有某种可以与其发生共鸣的东西。这点让我们自己都感到惊讶，但是仔细一想，原来大家曾经都是住在桃源里的人，我们曾经都是儿童！这也许就是那种感觉的秘密了。

因为一直陷在这种感觉里，反而没有充分把注意力集中到本堂里一排横坐的九尊佛像。经Z君提示，我才发现旁边长长的须弥坛之前的金属极有意思。每尊佛像前面，均放着一个手镯般的木块，上面的画也很动人。白色的地藏佛同样是杰作。然而最应该指出的是，与周围保持了高度和谐的本堂外观，非常出色。可以从敞开的门里看到金色佛像也是很好的。九尊佛像置身在柔和的新绿景色之内，这一环境，实在是太符合藤原时代末期的梦想了。

时间已到午后，承蒙寺院厨房大婶的好意，我们吃了用缺口茶碗盛着的黑色米饭。这个对Z太太而言可能有点寒碜了，但与今天的旅程却是非常相衬的。

因此，虽然返程走了近路，但抵达奈良时已经是下午四点多。接着我们马不停蹄地赶往氛围完全不同的东大寺。走进戒坛院里面时，斜阳照着一排松树高大的树干，被庄严土墙围起的本堂旁边的空地上，已经笼罩着预告黄昏来临的寂寥阴影。

我们站在点缀着小花的杂草地上，听到了开锁声的巨大回响，这便足够让人心情紧张了。戒坛院就是这样的地方。步入堂内，首先是空荡荡的阴郁空间，然后会让来者不禁发出"灰尘这么厚"的感叹。这里迥异于刚才所看的自然，唯有荒废的人工，唯有掩埋在尘土里面的人心，而在过去，却有千百名僧侣曾经在此坛上举行过终生难忘的严肃受戒仪式。这么一想，这堆积的尘灰确实让人徒生寂寞之感。但这种寂寞，显然不是那可以滋润人心的九体寺[02]的寂寞。

四天王，而且是贵重到被称为空前绝后的四天王，就这么伫立在这空旷戒坛的四角，披满了灰尘。看到此景，便会感到某种奇妙的反讽。我比较喜欢在这种雕刻作品该出现的地方观赏它们，然而当该出现的地方变成了不该出现的地方时，如何是好？戒坛的权威已经一败涂地，正因为如此，我们才可以直接穿鞋踏到坛上，尽管还是垫着鞋布。不过戒坛的权威虽然坠落了，四天王的伟大却没有坠落。时到今日，它们甚至比戒坛更加厚重，不应该如此放置在尘灰之中。

四天王在写实上、类型化上、技巧上，都可堪称杰作。例如立于西北角落的广目天王，脸部眉毛紧皱，

02　九体即九尊佛像，净琉璃寺的通称。

写实考虑到了极其细微的地方，而且把激烈的意力紧张反映在最为纯粹的形态上。这种强力而雄大的感觉，不是出自憋着劲要表达全部力量的努力，而是来自凝视自然的安静眼神的锐利，以及懂得熏烤的谨慎技巧的纯熟。所以，这里没有后代的护王神雕刻之中常见的那种夸张痕迹。然而比起肌肉隆鼓、表情全部显露在外的脸相，仅通过细微差异来赋予起伏扬抑的宁静脸部，反而更能表达强力之意志，而且更能清晰地创造出特有的类型来。

此天王从骨相来看，显然是蒙古人。当然特别限定为日本人也不是不可以。我看到这个脸部时，迅速想起了熟人的脸。眼、鼻、脸颊，尤其是颧骨之上与耳朵之下的部位，有着我们司空见惯的特殊肉感。皮肤的感觉同样。但也无法断言这不是中国人，不过显然不是印度人。从挖掘品来推测的话，应该也不是西域人。这么一来，只能说这种写实与类型，至少是在玉门关以东发展起来的。

四天王所穿的铠甲也是引人注目的。皮的质感表现得非常巧妙。肩下方的臂膀上附有可能是豹或狮的头部，形成了手臂仿佛是从张开的大口中吐出来的样态。大口之中还刻有牙齿，给人非常坚硬的印象。从肩膀上吊住护胸的铰扣，与当今使用的东西毫无二致，由胸部至腹部，它们紧紧贴住身体，仿佛会随着身躯的动作而发出鸣响。久久端详之间，我差点忘了这是一尊雕像。

这些盔甲到底是哪国的？看其内衣是筒状袖、紧身裤之类，显然不是印度的东西。虽然与希腊罗马的铠甲略有相似之处，但差异更大。也许更接近于波斯，但至少在与希腊有交流的古代波斯，并不存在这样的铠甲。这么一来，也只能是中亚或中国的东西了。中亚的皮革技术虽然发达，但那里使用的铠甲形状似乎比这个更为简单，因此，这种盔甲的样态应该是在中国发展出来的。

然而问题来了：菩萨穿着印度风格或希腊罗马风格的衣裳，为何护王神的盔甲却是中国风格？对此我愿意如此回答：若看犍陀罗的浮雕雕刻，会发现在某个构图的边缘处总会有一个希腊神，或者貌似哲学家的须髯老人。于阗的挖掘品里，也有作品刻画着身穿于阗衣服的人物。为了呈现大乘经典里描写的戏剧性说法场景，菩萨的姿态必须清晰，但其他大众就只能随意描绘，因此会产生各国特有的想象。所以，身穿中国风格服饰的四天王或十二神将等，或许正体现了中国美术的独创性。

把四天王放在本堂四个角落的安置方法，应该也与中国的寺院建筑有着密切关系。佛教美术在中国的变形程度似乎相当高。中国佛教美术的基础本是西域美术，但后者与其说接受了印度影响，毋宁说早已高度摄取了犍陀罗风格。抵达日本的佛教美术，就这样经过了好几重的曲折。

接着，我们从戒坛院转到了三月堂[03]。

一直以来，在奈良寺院建筑中，三月堂的外观乃是我最喜欢的，但却不觉得其本尊不空罥索观音非常好。然而今天步入那美丽的堂内，静静仰望本尊时，不由得呆住了。那完全是一种熠熠生辉的状态。之前觉得过于繁琐的背光之线条，今天看起来也仿佛是摇曳在薄暮之中的神秘光芒，以难以名状的微妙和谐使得本尊栩栩如生。残留在本尊身体上的斑驳金光

03　亦即法华堂，东大寺之中最古老的建筑。

与金色，有着特别华美的丰润，并不同于平日司空见惯的那种金色。堂内——尤其是那精巧的天顶——美得无以伦比的陈旧样态，恰到好处地烘托出了这些色调。而同时，如果没有在中央隐约闪耀的金色，堂内之美，又是残缺的。换言之，这两者作为一个整体塑造了一个艺术。这是颜色、光芒、空气，以及旋驰在堂内的众多沉稳线条之间的宁静的交响乐。

如果仅看某一部分，本尊姿态的匀称，恐怕称不上有多美。虽然手部肩部胴体都无可挑剔，但腰部以下的状态却无法令人满意。然而，那无数手臂、夹着火焰的背光的放射状线条、静静迂回的天衣，以及宝石之结晶般的宝冠——这一切，在堂内整体的调和之中，却奇妙地显出生机来。之前我之所以不明白这点，是因为没看到丰富的整体，仅仅注意到局部。看来，比起推古美术的弃繁就简、抵达朴素的极致，天平美术则是追求整体的活泼有机的生命力，而不惧局部的玉石混淆。

我衷心向不空罥索观音和三月堂低下了清高的头，也不得不对不空罥索观音之渴慕者的乙君表示服输。然而美的不仅是本尊，周围的诸佛像也各有各

图二 ※ 三月堂本尊不空罥索观音

图三 ※ 三月堂梵天

的美。没人会否认，立于旁边的小型雕像梵天、帝释（亦被称为日光、月光）同样是杰作。至于其他佛像，大家则见仁见智了。尤其是对这里的四天王，Z君认为几乎不值一看，但是我却也喜欢这比较朴素的四天王。特别是我前面的左后方的那个甚好。它们当然比不上戒坛院四天王，给人较为僵硬的印象，但也是明快直爽，置于此堂内也丝毫不会让人引以为耻的。

大家回到酒店后，依然就以上观赏内容讨论了很长时间。也不知道是否是因为今天出现了各种意料之外的事情，大家都毫无倦态。就餐的时候，旁边桌子上有四个商人模样的西洋人，大约三分钟一次，干了数十次的杯。我们也很兴奋，欢快程度并不亚于他们。Z君几乎不把三月堂的其他雕像放在眼里[04]，坚持认为不空罥索观音与梵天（月光），尤其是不空罥索观音，才是天平第一的名作。我无法同意他的观点，

04　三月堂坛上的诸像之中，日光、月光菩萨像、吉祥天像等，作为雕刻都是非常优秀的作品，但是它们本来并非属于该堂。秘藏于坛后橱柜的执金刚神也是同样出色的塑像。此处主要是讲述雕刻与建筑的平衡问题，因此没怎么关注这些雕刻，但是，如果把它们从堂内取出来单纯作为雕刻作品思考的话，这些雕刻反而最应该得到重视。——原注

如果要选天平第一的名作，我毋宁会选择圣林寺的十一面观音。

回到室内，兴奋过后的寂寥随之而来。谈及某个话题的时候，顺便与Ｔ君一起聊到了各自终身的事业问题。Ｔ君说在正式面向公众开始自己的研究之前，只关心如何把自己的根基扎得更深一些。我非常羡慕他那种淡定的心态。相形之下，像浮萍一样漂移不定的自己，真的要重新思考前路了。即使天赋高如歌德者，在去意大利旅游时，也曾经懊悔感叹过，自己没有在一件事情上花费必须的足够时间，也没有为该事情做够了充分的训练。我也只能冷静下来，踏踏实实地开始新的探索了。

（五月二十日）

（七）

疲劳——奈良博物馆——圣林寺十一面观音

一天之内看了不计其数的艺术品，傍晚回去，连说话都懒得开口了。陷坐在柔软的椅子里发了一阵子呆，等到体力稍微回复之后，便洗手、更换领子，踏着柔软的地毯，往餐厅走去。Z太太不知何时已经打扮得漂漂亮亮，脸蛋光彩照人。因为大家腹饥难耐，加上饭菜可口，于是大朵快颐，都吃得很饱。接着开始活跃的闲聊。讨论今天所看的艺术品、消化刚刚获取的印象，就在这样的时刻了。然而，离开餐厅后，酒足饭饱，适度的疲劳也重新泛起，便觉得无比倦怠。去到吸烟室，也只能无所事事地看看几个西洋女人嬉闹而已。

　　接着回到房间洗澡，但是却毫无兴趣记录当天的观赏印象。印象最好是在记忆鲜明的时候捕捉住，可是这种工作，实行起来非常难。日记簿上的备忘录逐渐变得越来越简单。

　　用一个早上逛完博物馆，实在是不可能的任务。我想一次最多看两尊或三尊雕像，而且要以宁静的心情，一直看到它可以渗透至心底。

　　N君好像就是这么实践的。在入口偶遇的时候，N君已经看完要回去了。他说："最近，只要心情好，大概每天早上都来这里。"N君一贯早起，在露水未干的公园里散步，博物馆一开门就进去。馆内天花板很高，稍微带着汗湿的身体会马上感受到其中的凉爽空气，他就这么在佛像面前一动不动地伫立观察几个小时。N君已经持续了一个月这样的自由生活，面对着他，仓促旅行的我不由得感到了一种自我厌恶。

告别N君，爬上正门的石阶，发现正面陈列台的玻璃门已经敞开，台上的圣林寺十一面观音旁边，站着一位身穿洋服的男青年。他正对着下面的馆员在解释何谓"肉体美"。开着玻璃门是可喜的，然而这位年轻人却毫无疑问是一种妨碍。不久，他就得意洋洋地抖动身体跳下台来，继续向旁边的馆员讲解"胸部的肉体美"。我终于明白为何N君拉着脸离开这里的原因了。

但是为了不错过玻璃门敞开的机会，我们都无法离开这里。也可见，玻璃门的凸凹与反射，是多么地干扰人们的观赏。

真的希望博物馆的陈列方法能有较大的改善。因为有经费等限制，也不能完全怪罪当事人，然而这样的方式却几乎没有考虑作品赋予观赏者的印象。

若像 N 君那样慢悠悠地观看，可以在某种程度上克服这些困难，但是并非所有人都有这么宽裕的时间。如果能考虑一下陈列的顺序和方法——至少应该让一个个佛像互不干扰，可以留给我们独立的印象——的话，对于只能短时间观看的人而言，也许就能获得更完整、更强烈的感受。从理想状态来说，像美术馆这种指向公共享受的地方，完全可以更加奢侈一点。这与私人的奢侈不是一回事。入口正面的陈列台上，杂乱地排列着几个完全可以为它们特别设置一个陈列室的杰作[01]。参观者因此蒙受了多大的损失啊。如果用当事者容易理解的话来说便是："这样的事情实在是日本的耻辱。正因为存在这样的状况，西洋人才不会尊重日本人。"

希望"国宝"这一语言能获得更多的生命力。对于日本古美术，我们作为日本民族的一员，当然拥有

---

[01] 这是大正八年左右的事情了。那时候入口正面立着圣林寺的十一面观音，以及与其背靠背的法隆寺百济观音。圣林寺的观音数年后返回寺庙，也就是在从樱井到多武峰的路上，走过十几町之后的右拐处。百济观音近年也回到了法隆寺，成了宝物殿的镇殿之宝。——原注

图四 ※ 圣林寺十一面观音

鉴赏的权利。如果不建立与鉴赏相应的设施，只能说埋没了国宝的意义。

我认为，圣林寺的十一面观音确实是伟大之作。虽然肩部有点令人在意，但丝毫不影响整体的印象。如果放在三月堂那样的建筑里，与周围环境的美妙搭配起来，那种栩栩如生的丰润华丽将会更加焕发光彩。

众所周知，佛教经典对佛祖菩萨的形象之描写是非常细致的。没人会指着《阿弥陀经》说，这是教义之书，因为它首先是对净土诸佛之幻象的描写。也没人会指着《法华经》说这不是幻象之书吧，因为它首先是以佛陀为主人公的磅礴的戏曲之诗。像《观无量寿经》，也是特别详细地记载这些幻象。佛徒们以此为基础，为了亲眼凝视这些幻象而不懈努力。观佛，乃是他们内在生命的重大要素。从中我们可以明白，"佛像"担任了多少富有刺激的、灵活的角色。我们的观音，正是从这样的心灵背景里诞生出来的。谁是作者不得而知，但不管是谁，总之，他便是那个亲眼看到了清晰幻象的人。

观世音菩萨拥有可以从苦难之中拯救众生的绝

大力量与慈悲。若想被其所救，只要诵念其名即可。观世音根据境界，有时以佛身出现，有时以梵天形象出现，有时以人身出现，有时甚至还以兽身出现，如此普度众生、让众生无所畏。——应该为这样的菩萨提供何种形貌呢？首先，必须具有脱离人类的、超人的威严。同时，又必须具有最人性化的温善纯美。从根本上而言，这不是人，但是借用人体现身，把人体升华到了清净与纯美的高度。虽然在法则上有左手持瓶、头上诸面是菩萨面、瞋面、大笑面等规定，但是这些都不是幻象的重要部分。可以把头上的面视为宝冠之类即，左手的净水瓶也只要有助于姿势变化即可。重要的其实是超人性与人性的结合——作者驰骋其想象的空间，恰在此处。

　　我们的十一面观音，就是众多经典或众多佛像培育出来的、永恒深邃而且自由自在的想象活动的结晶。我们可以从中看到无限放恣的印度神话痕迹。本来按照极东 [02] 民族的气质，是不会从半裸的人体里寻觅清净与纯美的。同时我们还可以从中窥见往抽

02　极东大致上指中国东部至日本的地域。

象的空想之中倾注写实之美的犍陀罗心灵。那种造型的微妙与确切，那种衣褶的逼真之美，都是极东美术传统里没有的。此外，我们也可以从中看出居住在沙漠之畔、认为雪山乃是地上乐园的中亚民族的热烈憧憬。写实，而且表现出超人性的理想艺术的强烈味道，如果离开怪物般的沙漠之威胁是不可想象的。更进一步看，极东文化的高峰、多文化融合的熔炉、赋予一切事物丰韵之生命力的大唐气魄，也以浓烈的氛围包裹着它。在它身上，异国情调并没有仅仅结束于异国情调，憧憬并没有仅仅结束于憧憬。作者试图从最深处撬动人心，突入人体的内核，从而捕捉人类存在的神秘，并且一举把它结晶为一个完整的形象。

没有记录显明这个伟大的艺术家是不是日本人。但是，即使是在唐朝的文化熔炉之中诞生、培养出来的工匠，跨过黄海来到我们风光明媚的内海时，难道不会感到心情的某种变化吗？漠漠黄土与妙龄少女般清净的大和山水之差异，难道不会引起他感觉上的某种转换吗？如果我们承认这种变化，那么也就必须承认映照在艺术家心眼中的幻象的若干变化。例如观音的脸部表情，便少了一点大陆的呆板，多了几分细腻和锐利。这些难道不可以视为证据吗？站在圣林寺十一面观音面前，我们可以直接感受到，这个雕像是在我们的国土之上构想出来的。这种构想虽然难与作者的禀赋分离，但我们却自然而然地从这种禀赋之中体味得到某种秘密的亲切感。很难从一个个细节来说明这种体味，但是在唐朝文物那里感觉到的一些陌生感，在此像面前却完全不存在。

细长而半闭的眼睛，厚重的眼睑，丰满的嘴唇，柔和的鼻子——一切都是我们熟悉的理想化相态，既无类似异国人的模样，亦无表现超人类的特殊之处。而且，那里有着神圣的威严、非人类的端美。从微微张开的眼睑之间，透出的是俯瞰人心与命运的观自在之瞳。紧闭的丰满双唇里，含着可以渐挫刀刃之坚硬、稳镇狂风洪水的无限力量。圆润的脸颊，绝非是在暗示肉感的幸福，而是高贵得可以抑制人类的一切淫欲。隐约的金光在黑漆质地上浮现，这五官便在其中暗暗闪耀。望着这一切，我们不由得不相信：这确实就是观音的脸，而非人类的脸。

秉承了这一脸庞的挺立的丰满肉体，同样不缺乏观音的高贵。这不仅仅是因为裸露的肌肤在黑色与金色之中熠熠生辉，还有其他因素造成了这一印象：造型给人的感觉乃是丰满，而非肥胖。四肢的灵动，体现在衣裳的柔软褶皱以及手部的圆润里，同时刚强意志的光芒又从内部迸射而出。尤其是本应非常沉重的五体，却仿佛超越了重力法则，呈现出轻柔、飘浮之感。

隐隐有一股气流从观音的前下方升腾而起，缓缓流向身后——能给观者这样的感觉，显然是因为包裹身体的衣裳褶皱的流线设计。这种常规手法的运用，自然是由于观音乃由虚空之中出现，与运动难以分离，但是这个雕像运用得如此成功，便给它的整体都赋予了高于地上万物的高贵之感。

从肩膀到胸膛，或者是围绕着腰部，再从手腕垂至足下的天衣模样，无论是作为裹卷身体的曲线装饰，或是作为暗示肩膀与手腕之触觉的微妙辅助手段，都是极其成功的作品。左右手腕的位置变化，与左右齐整的天衣相互缠绕，给整个身体带来了仿佛在流动的、自由而不失均衡的清爽节奏。

从侧面观看的话，会有更多惊奇向我们涌来：从肩部流往胴体、从腰部流往足部的造型之准确和有力；各个部分之间微妙的和谐之美——这才是真正知道何为写实的巨匠之作。刚接触观音像时，我们一般不会马上追问这种写实的成功究竟如何，尽管如此，如果错以为是浅薄的写实或显著的不自然，那么这个雕像的神圣与庄美便会悉数崩溃。因此，对于此类雕像而言，写实之透彻乃是必须条件。这个雕像明白无误地显示了这一点。

据说这一伟大作品在五十多年前，其实一直被丢弃在路旁。当然这是从别处听来的说法，也不知可信度如何了。亦即这尊雕像本是三轮山的神宫寺本尊，在明治维新的神佛分离运动之际，迫于古神道的权威，终被弃于野外。而这附近又没有慈善家想收藏这个被放逐的偶像，于是年复一年，这高贵的观音，便一直横卧在尘埃杂草之中。偶然一日，一个叫做圣林寺的小小真宗寺院的住持经过那里，觉得浪费，心想既然无人问津，那小僧就要了吧，就这样把它搬回了自己的寺庙。

众多观音像、观音崇拜——写实——百济观音

我伫立在推古天平陈列室里，再一次为观音塑像如此之多而感到震惊。

圣林寺观音的左右两边站着大安寺的不空羂索观音、杨柳观音。与其背靠背的，则是我们的百济观音，静静立在一种飘渺的气场之中。也许把它称之为虚空藏菩萨才是正确的，但按照惯例，我们依然觉得是观音。右边立着法轮寺虚空藏菩萨，和百济观音一样，左手握瓶，右肘弯曲，托掌向上。这个似乎也可以归之为观音的范畴。另外，在百济观音的左边，则是药师寺（？）[01] 破损严重但美态罕见的木雕观音，从中可以感受到类似于维纳斯般的艳美。它的后边还立着法隆寺的一个小观音。

视线转向室内的西南角，那里罗列着大安寺的手持锡杖的形态偏向女性的观音、带着一朵莲花的形态类似于男性的观音等。再把视线挪向北边墙壁，就可以看到唐招提寺等的木雕观音，列队而立。法隆寺的各个小小金铜观音，嘴角浮现着奇妙的微笑，散立在陈列室中央的台上。而冈寺的观音则把手臂放在半跏正

---

01 问号为原著所有。

99

图
五

※

百
济
观
音

坐的膝盖上，仿佛在做梦一般，陷在安详的冥想之中。即使这是弥勒佛，但在我们的印象里，它依然还是观音。

除了十大弟子、天龙八部众、两组四天王、帝释梵天、维摩等，引人注目的全都是观音。也许是因为观音像移动方便，便自然集中于此，但是仔细一想，三月堂的不空罥索观音、圣林寺的十一面观音、药师寺东院堂的圣观音、中宫寺观音、梦殿观音等等，推古天平时代的最伟大作品，全部都是观音。尽管也有药师如来等杰作，但却不及观音的隆盛。因此，推古天平陈列室的观音之多，直接暗示了推古天平时代的观音崇拜势力的强大。

观音崇拜之流行，为了解古人的心灵动向提供了很方便的线索。这与圣母崇拜有相似之处。而且也可以看出，其中已经内含了某种转向阿弥陀崇拜或净土信仰的契机。因为这是除了和歌或汉诗之外缺少能动的自我表达途径的时代，所以我们必须充分重视、观察在偶像礼拜里体现出来的自我表达——也就是在被动的形态里显示的创作活动。从推古到白凤、天平，观音的样式和风格随之发生显著变化，这不能仅归之为外来影响，而应该从礼拜者不断被新的魅力所吸引的新鲜满足这个方面来解释。

观音样式的显著变化，尤其体现在圣林寺观音与百济观音之间。

前面已经说过圣林寺观音的写实根据。写实乃是所有造型美术不可动摇的基础。但是，写实非指被摄像所代表的那种平板单调，而是指可以通过贯彻作者性格来表现所有种类之变化的、自由的"艺术家之眼的效用"。

艺术家本能地渴望刻画物品，但同时拥有本能地强调一己之偏好的自由。通过对着重点的不同表现，既能诞生富有个性的作品，也会诞生类型化的作品。因为时代的趋势，会有某种作家流行、某种作家淡出，但不管如何，总而言之，艺术就是试图通过个体来表现整体的一种努力。

在我们的观音时代，雕刻家仅仅致力于创作类型化的作品。但即使如此，他们在工作之中的抑此扬彼，都是自由的。圣林寺观音与百济观音的对照，为我们提供了放大观察这一点的机会。

在具有写实根据这点上，百济观音并不逊于圣林寺观音。从肩部到手腕以及从胸部到胴体的清净造型、柔和垂盖在下肢上的绢布褶襞等，都是作者锐利洞察现实的铁证。但是，该作者与圣林寺观音作者的强调之处，却完全不同。在这种差异背后，也许可以看出民族与文化的各种变迁，或者作者自身随之发生的变动。

百济观音是经过朝鲜引入日本的代表性样式之一。其源头乃是六朝时代的中国，进一步追溯的话，可以从西域追寻到犍陀罗。从其上身几乎全裸这点来推测，也许还能追溯到印度。不过，这个本应属于犍陀罗或印度直系的百济观音，与其说类似于犍陀罗佛像或印度佛像，毋宁说更会让人想起汉代的石刻画。整体风貌也不是西域式的。换言之，犍陀罗或印度美术进入中国之后，首先被汉化了。当然，就像大同石佛所显示那样，也存在没有被汉化而一直保留着西域样式的作品，但百济观音所代表的恰是被汉化之后的样式。唯有此样式，才能称为中国的创作。中国美术全面吸收希腊美术精神，应该是在犍陀罗衰颓之后的大约两个世纪，亦即玄奘大量引入中部印度的笈多王朝文化之后的事情了。汉化时代先走一步，多文化融合的时代之后来临，所以佛像样式的变化与历史进程恰好相反，但其中却蕴含着六朝到唐代的文化变迁。

把百济观音视为这种文化变迁的标本，是有点勉为其难的。龙门浮雕上展现出来的直线刻衣手法，与梦殿观音相似，却不同于百济观音。但是，我想探讨的是那种直线手法所承载的样式意义。百济观音确实贯穿着这钢铁线条般的直线，以及仿佛薄钢板一样扭曲的坚硬而锐利的曲线，非常朴素与明晰，同时又有飘逸的含蓄。虽然简洁，但不缺乏细腻的感觉。虽然在意形态的整合，但与其说作者追求形态本身之美，毋宁说追求的是形态所暗示的某种抽象之物。因此，"观音"主题不是通过肉体之美来表现，而是通过肉体姿态所暗示的某种神秘之物来表现。比如，为了突出低垂的衣服褶襞那种令人感到永恒的宁静感，作者便没有怎么考虑下肢的造型。因此，与其说作者切入肉体的感官式性质之内，再从中抽取神秘之美，毋宁说是捕捉了飘浮在表面的意味深长的形态，然后做彻底的追究。这里面也出现了汉代样式的特质。

但是，此像的美，到此还没有穷尽。通过内在驱动，给佛教美术创作赋予前述的汉代样式之特质的，并非汉人固有的热情或思想。当时因为外部蛮族的大举入侵，血液与情感都陷入了激烈动荡之中的汉人，发自内心地憧憬安宁与柔和，而且开始感受到从未知晓的崭新心境的灵光闪现，仿佛是对从地下静静萌发的春天的预感。汉人终于开始咀嚼印度或西域的文化，对异国情调的倾慕之心也随之而起。以无限的慈悲拥抱众生的异国之神，终于悄悄地潜入了他们的内心深处。

抽象的"天"，变成了具象的"佛"。我们可以从百济观音身上感受到这种变化所引起的惊讶。人体的美丽、慈悲之心的高贵——处于过渡时期的人们，怀着婴儿般的新鲜感动，终于能够理解通过人类形态表现的超人性存在。能在如此接近自己的地方感觉神秘之物（而且可以亲眼目睹），对于他们而言，无疑是世界景象为之一变的大事件。他们开始用新的视线来眺望人体，用新的心境来感受人情。他们从中看出了不可揣测的深刻，找到了净土的象征。作为这种感动的结晶，带有汉代样式的佛像就这样被创造出来了。

我不是说百济观音是中国人的作品，只是在探讨形成百济观音的样式之意义。这种样式仅是中国的几个样式之一，但是到了日本，却拥有了决定性的力量。可见日本人对此样式背后的体验之共鸣是如何强烈。

百济观音那种奇妙、神秘、清净的感觉，正反映了上述那种朴素感动。那圆润清洁的手腕、楚楚动人的毫无浊滞的光滑胸膛的美，并非出自习惯了人体之美的心灵，而是初次被人体那深不可测的美所惊动的心灵之产物。脸部表情带着朦胧的微笑，仿佛是眷恋温柔然而又是憧憬之结晶的朦胧，甚至伴随着某种说不清的诡异。这种表情，倘若抛开慈悲的天真心灵的执着——强烈到简直可以称之为病态的执着——便是不可想象的了。而从侧面观看，不管是从椭圆的柔和侧脸，还是从纤薄身躯的奇特起伏，都更能深刻体会这一点。

不考虑六朝时代的技巧，仅仅通过忖度雕刻作者的心理来解释这一观音的印象，当然是一种鲁莽的尝试。但是，如果不这样，我便无法表达百济观音的感觉。我完全无法想象，那宛如深渊般凝固静止的活生生的美，仅仅是因为技巧的笨拙而产生的。

（九）

天平的雕刻家——良弁——
问答师[*]——
大安寺的雕刻家——
唐招提寺的雕刻家、
法隆寺的雕刻家——
日本灵异记——法隆寺华盖的
凤凰与天人——
维摩像、铜板挤压佛像

天平雕刻的作者一般身份不明，但是大寺庙里似乎都有优秀的雕刻家或者雕刻家群体，他们也可能本来就是僧侣。据说三月堂的良弁禅师就是一个优秀的雕刻家，这个传说当然也无法一概斥为虚言。相传良弁堂的良弁像乃是他自己的作品，如果把此像视为贞观时代的作品，那么这个说法确实不太可信，但是，这也无法成为否定良弁是雕刻家的理由。无论是三月堂的建筑，还是堂内的雕刻，凡是与良弁有关的东西都是一流杰作，这点至少证明，良弁是非常了解艺术的人，或者手下配有非常杰出的艺术家。如果那个良弁像是其自作，良弁自然是第一流的雕刻家，如果是他手下的艺术家或弟子所刻，也说明他培养了天下第一流的雕刻家。实际上，表现在良弁像上的出色写实能力，无论是在天平时代还是贞观时代，都是很罕见的，令人觉得，能够造出此像者，也必定能造出三月堂或圣林寺观音。东大寺一派能成为天平艺术的核心，肯定与良弁身边存在天才有关。大佛的铸造，离开此点也无法想象。《元亨释书》认为良弁促成了圣武帝的决意，恐怕也是事实。只是，最初设计出那个高大堂塔与巨大金铜佛的人，到底是良弁还是其他天才，我们就不得而知了。

药师寺铜像、法隆寺壁画完成之后，到建造三月堂之间，至少经过了二十多年的岁月。然后到计划铸造大佛之间，还有十年间隔，开眼供养又是在十年之后，如果要探讨某个天才艺术家的在世，必须考虑到这些岁月之间增长的年龄问题。一个天才的存在与否，比时代的趋势更为重要。天平后期的艺术发生了显著变化，除了外来影响，此类艺术家的逝世也是因素之一吧。

尽管不知道作者的名字、生活，但个性存于作品之中却是事实。我们可以把三月堂诸作或圣林寺观音等视为一个作品群，拿来与兴福寺的十大弟子、天龙八部众相比。或者用大安寺的木雕诸作与唐招提寺的木雕相比。或者更具体点，拿大安寺的杨柳观音、四天王之类与该寺庙的十一面观音相比。那显然其中就不单是技巧上的区别了，还可以看出作者个性的差异。

据传兴福寺的诸作乃是犍陀罗国的问答师所刻。且不论其真假，那十大弟子、八部众出自同一人之手，肯定是确凿无疑的。该作者必定具有卓越的才华，技巧亦极高。然而不幸的是，那种巧妙的写实手法，却没有深度。因此其作品虽然无可挑剔，但是显得小气。

该作者的长处，并不在于结晶出幽玄的幻象，而更多在于写实的奇拔，或者是穿越写实去营造鲜明的类型。如果抛开释迦弟子、龙王等性质，单单视其为僧侣或武士的风俗描写，这些作品便都是难得一见的逸品。尤其是面相的自由造型——敏锐捕捉某种表情或特征，而且不流于夸张的巧妙技巧与微妙手段——令人惊叹。在龙王的脸部上，这种感觉更是明显。

此处可以看到作者的现实主义气质。据此判断的话，也许可以说这个作者是在中国习过艺的犍陀罗人。然而，在我们的所见范围内，中国或西域都找不到与此酷似的作品。而且，那种灵巧、敏锐、可爱——这些与其令人想起苍茫的大陆风格，毋宁说在艺术上更接近于紧凑的岛国自然。因此，说这个作者是在我国成长起来的特殊艺术家，也许并非异想天开。若在此方向展开想象，"问答师"这一名字便会成为一个值得爱护与珍重的谜。

在印象上，大安寺诸作并不像右边那些作品一般富有特异的才能。虽然也有柔软灵活的地方，也有从正面挑战大问题的大气态度，但是却无法避免写实略微流于表面的批评。杨柳观音的侧面姿态，尽管给人非常稳定的美丽和谐、强健的力度感，但是总让人觉得余韵不足。其圆腕也缺乏微妙的感觉。至于四天王，没有这些缺点，面相也很好，但总体感觉上不尽如人意，略显平庸。

道慈[01]建造大安寺，比三月堂更早，但是不知道这些木雕是否为当时所刻，从感觉来看，似乎属于更新的时代。就木取材，试图作出干漆无法表现的明确之感，便是新证据。也必须承认其写实技巧有了进一步发展。从这些来看，恐怕也可以说，作者怀有试图对抗甚至超越三月堂派杰作的抱负。然而，不幸的是，这些抱负和热情仅仅停留在表面。他们所看到的幻象，远比三月堂作家的要模糊，因此，随着形态的越发齐整，雕像反而越发丧失了新鲜的生命力。

大安寺带有女性风貌的十一面观音，应该也是向这些作者学习、并且更积极地推进了该风格的雕刻家

01　生年不详 -744 年，奈良时代的三论宗僧侣，曾作为遣唐使赴大陆。

之作品。暂且不论后代拙劣修补的头部，其肢体充分呈现为写实的女体，尤其是胸部与腰部比较明显。其中有些地方让人觉得作者对肉体的关注终于可以独立出来了。此像虽无观音的威严，但足有维纳斯式的美。若是搁置头部与手部，仅作为一个女体之像观看的话，应该远比大安寺的其他雕像更加富有魅力。

唐招提寺的破损木雕，在手法上与右边的十一面观音非常相似，不过感觉更加粗犷。从唐土过来的鉴真和尚，在唐招提寺形成一个中心，乃是大佛开眼供养之后六七年的事情了。天平时代后期由此开始，玄宗时代的流风，同样传入，但与三四十年前的道慈时代相比，当然已经有很大的不同。不幸的是，这些新来的雕刻家，虽然气宇宏大，但技巧笨拙。大自在王也好，释迦也好，尽管丰满，但力度不够。尤其是释迦，采用了一种新风格：大腿健壮，衣裳紧贴皮肤，但是总给人松弛之感。不过，作者的个性也就体现在这些地方了。

除此之外，比如法隆寺等也形成了强大的一派。这个陈列室里，展示着塑像的四天王、梵天帝释、五重塔内的雕刻等，这些塑像与四天王之间存在共通的感觉。是一种磊落大方、毫无机心、自娱自乐的艺术风格，看起来非常舒服。恰如女像和童女像所示，它们在写实方面显示出精湛的功底，但同时整体又包裹着一种强烈的幻想气氛。在此意义上，多闻天王和广目天王都是杰作。据我的一己好恶来说的话，这个天王甚至比兴福寺的龙王还要出色。

奇妙的是，即使是断臂的雕刻，如果靠得太近，也会感到一股不可思议的生气，令人不由自主地往后退缩。而曾经存留在记忆里的那些佛像，则给我一种与活人相同的奇特亲近感，仿佛是久别重逢一般。由此看来，古人幻视到佛像，也是一点都不奇怪的，同时我似乎也能理解那些恋上观音像的比丘或比丘尼的心情了。《日本灵异记》的写作方式虽然稚嫩，但在表现天平人的精神世界方面却是一本很有趣的书。

在法隆寺的展品之中，从金堂的华盖上取下来陈列于此室的凤凰与天人特别引人注目。凤凰高高竖起三条大尾羽，保持着刚刚降临大地的姿势。尾羽既有钢片般的坚硬，又透出鸟羽的柔软，感觉非常独特。凌厉削刻出来的双足，大得与身体比例不协调，与占了头部一半大小的伟大嘴喙，给人一种奇妙的镇静、有力、富有紧张感的印象，简朴、雄劲而奇拔。与百济观音类似的直线以及接近于直线的曲线支撑着它的整体，但同时又有简单的水墨画那种自由的节奏感。

天人手抱琵琶安静地坐在莲台上。在朴素方面不让凤凰，而且与凤凰一样，脸部与手部都特别大。那引人注目的丰腴脸庞上，所有部分——随意地连接鼻子的长眉、宽厚得不合理的上眼睑、与其相配的长得异常的眼睛、似乎要把脸部整体印象都集中到一处的大嘴——都被放大了，而且，几乎没有夸张的感觉，反而横溢出非常单纯、直率、毫无拘泥的某种情绪，某种令人怜爱的肃静的亲切感。不仅如此，其眼睛嘴巴，因为被放大，于是产生出一种混合了奇妙、蛊惑、威严的印象。我曾经认为，此像才是表现了日本人的固有情绪的作品。但是看龙门浮雕的拓本，发现那里也有类似的感觉。因此，只能说此像是特别激活了这种与汉人也相通的情绪，在此意义上，它确实是我们祖先的作品。

看着这些东西，不得不说，制作了法隆寺华盖的时代，以及那个时代的法隆寺雕刻家们，实在是值得敬畏。

　　法隆寺作品里还有其他不少值得注意的。维摩塑像的精巧，让我们瞠目结舌，它与三月堂的梵天·帝释（寺传日光·月光）、广隆寺的释迦（弥勒?），应该都是发展了犍陀罗式手法的作品。这种发展也许是在中国人手上完成的，但是我们还没接触过与此相似的中国遗作。因此我们不认为这些佛像的感觉是中国风格，毋宁说极有可能是日本人继承了这种写实精神。仔细想来，这种大艺术，乃是民族与文化的融合所产生的一时花火。如果能够令其正常发育的力量，曾经蕴藏在我们祖先那里的话，我们本应该可以更自信地提倡日本文化之权利的。

　　法隆寺的铜板挤压佛，虽然很小，但是非常美。尤其是本尊阿弥陀那隐隐浮现的柔和姿态，令人想起法隆寺壁画的阿弥陀。这些都是从唐朝带来的东西，或许与壁画有着某些关系。

伎乐*——面具——面具的效果——

伎乐的演奏——大佛开眼供养的

伎乐——舞台——大佛殿前的

观众——舞台上的表演——伎乐的

装扮——林邑乐**的表演——

伎乐的新作品、日本化——

（转下页）

*伎乐是日本传统演剧之一，根据《日本书纪》记载，推古天皇时代（612年）由百济人味摩之从中国的吴国带来。在奈良时代的大佛开眼供养仪式上上演，据说正仓院保存有当时表演的面具。从飞鸟时代到奈良时代躲在寺院的法会上表演，之后逐渐衰退。

**林邑乐是日本的古代雅乐之一，据说起源于东南亚的林邑，亦即如今的越南地区，在奈良时代由林邑僧人传入，但也有说法认为与胡乐相关，是天竺的婆罗门僧人经中国传入。本书作者便认为林邑乐是印度的舞曲。

（接上页）

林邑乐的变迁——秘传的弊端——

伎乐面具与婆罗门神话——吴乐、

西域乐、面具的传统——猿乐、

田乐——能狂言与伎乐——伎乐与

希腊剧、波斯、印度的希腊剧——

婆罗门文化与希腊风格文化——

印度剧与希腊剧——与中国、

日本的交流

陈列出来的天平时代伎乐面具，硕大怪异，其中有一些非常迷人的，足以把我们的不经意突然转化为惊讶的感叹。

这些面具本来并非出自于强烈的艺术创作冲动，而是受到一些游戏心态所控制的、次等的制造欲之产物。但是，这些通过某种表情类型来传达人类情感的手腕，实在令人惊叹。首先是严密的写实根据。其次是敏锐捕捉某种表情的特征，然后一举使之类型化。因此，当其目的在于表现深刻的内部情感时，便会成为出色的艺术品，而反之，如果仅以外在的滑稽、丑陋的怪癖或者基于物欲的激情为目的，就达不到很高的艺术价值。例如，在人类的表情中，有些特征会让人联想到与猿猴的类似。作者敏锐抓住这种特征并制作出一种类型的时候，观者会感叹其捕捉手法的精妙，但从中却得不到太多艺术印象。相反，一旦看到从人类内心涌现的喜怒哀乐，浓淡有致地变成了一个明白无误的模型时，我们就会体味到仿佛遇见了源源不断的生命源泉的强烈喜悦。

面具的表情，不仅是类型化，而且带着显著的夸张。这种夸张，乃因为伎乐面具制作的原本动机，在于通过夸大表情的面具，能给广阔剧场的距离较远的众多观众传达清晰的印象，而不一定是因为创造力的薄弱。所以，这些面具并没有与夸张相随的空虚感，反而因为空间关系的特殊因素显示出一种异样的生气。关于这点，只要比较一下天平时代的伎乐面具和镰仓时代的地久面具、纳曾利面具即可一目了然。镰仓时代的面具属于暴露创造力之孱弱的作品，那里只有与生命实感无缘的夸张。可以说，那是重心转移到末梢神经之后的病态生活的反应。作者在那里表达的，并非可与现实的深刻生命触碰的 Vision（视野），而是袭击疲惫心灵的荒唐噩梦的影子。从中看不到"人味"，甚至连刻画女脸的面具，都比天平时代的天狗面具缺乏"人味"。所以，作为艺术的力量远远不可相提并论。

我曾经在 H 氏那里，亲手赏玩过一个天平伎乐面具的杰作。大方从容、浓淡纤细、沉稳宁静的脸颊造型；体现在眼鼻口上面的果断大胆但又不损自然之美的巧妙刻法；皱纹线条的缓和起伏与脸部凸凹有致的流畅曲面的和谐节奏；富有弹性的、充满生气的皮肤肉感……凝视这些时，某种让心灵缓缓陷入陶醉般的、毫无阴霾的活泼情绪，会逐渐离开浮现在面具上的表情，

图六

※

伎
乐
面

深深渗入观者的胸怀。这里确确实实存在着近距离接触活人时才能感受到的生命力之弥漫。而且，正因为它不是人而是雕刻，就更加笼罩着一种怪异的气质。

这时候，H 把面具戴到了自己脸上，面具因此而突然拥有了一种奇特的生气。尤其是 H 稍微扭动脖子时，面具的表情仿佛在自由地活动，效果很强烈。我被这预料不到的印象所震撼，一时目瞪口呆。

把面具搁在榻榻米上，或者拿起来放在自己膝盖上，这些都不是面具本来应该存在的地方。迄今为止，我们已经习惯了把面具从其制作的目的里剥离出来、作为独立的东西来观察。面具大约有普通人脸部的四倍之大，直到这个惊讶的瞬间为止，我都没法把它和人体结合起来想象。但是，当面具被置于它应该存在的地方时，那种唐突的庞大，就不再显得过大了。反而可以说，正因为其庞大，让现代人产生了一种匪夷所思的有趣印象：不是人戴了面具，而是艺术创造出来的脸庞获得了一个人体。在那个时侯，我才理解了为何面具如此之大的原因，由此想起了希腊戏剧的面具也是同样巨大。看来这些面具的效果与大尺寸之间有着必然的关联。

与天平的伎乐面具相比，后世的面具显著变小，这应该意味着使用面具的舞蹈或戏剧发生了明显的变化。

因为那时候的强烈印象，我开始认为天平时代使用伎乐面具的伎乐，肯定是由音乐和舞蹈组成的歌舞剧。现在一一观赏这么多的伎乐面具，就会不由自主地联想各种表情曾经承担过的歌舞剧角色。

关于伎乐演奏，在《续日本纪》里有零星的记载。根据这些记载，除了各大寺庙举办的供养法事，连皇宫中的仪式或飨宴之际，也会有伎乐演奏，甚至有时候似乎是以演奏本身为目的。孝谦女皇"幸山阶寺。奏林邑及吴乐"等记录便属于此类。然而，《释日本纪》仅是举出了名字，并不涉及内容记述。我们只能通过其他文献，才能了解伎乐是什么、如何演奏等。其中最重要的当属保存了该面具的东大寺所藏的《东大寺要录》[01]。在此，我们以其为基础，尽量试着展开想象描述一番。

首先是舞台。在大佛开眼供养的记录里，找不到关于舞台的内容，但是贞观 3 年的《开眼供养记》则提供了比较具体的舞台布局。该文所记的开眼供养是

01 平安时代后期、亦即 12 世纪初期开始编撰的东大寺寺志，分为本愿・缘起・供养・诸院・诸会・诸宗・别当・封户水田・末寺・杂事等章，是了解东大寺历史的珍贵史料。

修缮坠地佛头时的事情，离最初的开眼供养已经过了百年以上的岁月，在此期间，文化发生了全方位的重大变迁，音乐也随之产生了大改革。虽然不能直接据此记述来推测天平时代的情景，但还是可以从中窥见一二：第一，舞台是设置在户外的，亦即大佛殿前的广场，这似乎与天平时代相同。乐师分为左右两边，立于堂前——从这些记载来看，如此推测应该无误；第二，舞台是木造的高坛。方八丈，周围有高栏，四面挂着匾额。舞台上的东西两侧各植有宝树八株，旁边还各放了一个礼盘。此外，悬有玉幡的高座两个，高约三丈三尺的标石一座，似乎是安置在舞台附近。在大殿中层南面，还造了一个宽二丈长四丈的小舞台。我不敢肯定天平时代是否存在这样的舞台构造，但至少在开眼供养的时候，踏歌之类是直接在庭院里上演的。《续日本纪》里便有"东西发生，分庭而奏"的记载。我也想过不是为了演奏伎乐而另设了舞台，但无从考证。

舞台之外，还架有帐幕。贞观年间，东西各有三处，作为乐师、敕使、诸大夫的坐席使用。天平时代，有开眼师、菩提僧以下，讲师、读经师乘轿子撑白盖抵达"堂幄"的记述。还有众僧、沙弥从南门进入，抵达"东西北幄"的记载。贞观时代，东西南侧的步廊以及轩廊都设置了千僧之席，但天平时代尚无步廊，可能因此才需要那么多的帐幕。

　　包含以上这些设置的大佛殿前广场上，挤满了穿着深色的单色衣服的天平时代民众。文献中说僧尼多达一万数百人，另有数千官吏参加，一般民众尽管不能进入仪式会场，但不可能错过这种大供养的盛会。因此，各种华丽的衣服颜色填满了整个广场，东大寺的庙宇，看上去便像浮在色彩斑斓的海洋之上。本来，大佛殿不像今天这么逼仄，现在的正面大柱是八根，原初是十二根，正面的宽度约比现在大一倍。而且与大殿相对，中门外侧的左右两边，还修建了高达三百二十尺的高塔。这些塔堂的宏大，简直无法想象。晴空万里的初夏，太阳把慈悲的光和热，倾注在这雄伟的建筑和不计其数的人潮上。

　　开眼仪式结束，讲经结束，各种乐师经过南门大柱的东侧鱼贯而入，绕堂两周，左右分立。众人的注意力开始集中到舞台上了。首先登场的是日本特有的舞蹈。最初是《续日本纪》所载的"五节"，以及《东大寺要录》记载的"大歌女、大御舞"。应该是天岩户物语里出现过的那种"踏足鸣响"的舞蹈吧。然后是久米舞：大伴二十人、佐伯二十人，是武士携带着兵器跳跃的古朴舞蹈。接着是四十人的楯伏舞，这也属于武士舞蹈，手握盾牌，上面似乎刻着令符。再接着是一百二十人的踏歌（或曰女汉跃歌），女子分为两组，且歌且跳。根据《释日本纪》[02] 的说法，在歌曲将结束之际，会不断重复一种被称为"万年阿良礼"的旋律。可能从藤原时代开始，这种舞蹈就被俗称为"阿良礼跑"了。因为是"跑"，所以大概能想象其舞蹈方式。这些歌舞告终之后，接着还有唐朝和高丽的舞蹈。演奏的顺序是：唐古乐一舞、唐散乐一舞、林邑乐三舞、高丽乐一舞、唐中乐一舞、唐女舞一舞、施袴二十人、高丽乐三舞、高丽女乐……弦歌不辍，直至日暮。

那么，这些到底是什么样的歌舞？对其展开想象正是此处关心的焦点。前面所提及的伎乐面具，无疑在这些歌舞（至少在三种林邑乐）里被使用过。据说

02　《释日本纪》，后世推定于镰仓时代末期完成。乃卜部兼方对《日本书纪》的注释书。

正仓院还保存着那时候的面具，应该本来就是同类之物。也有人说彼时衣裳亦有留存，具体不太清楚。天宝4年的目录显示，衣物箱里有"御衣类种种、古织物多数"或"御衣类、尘芥"的记载。据说如今已经化为尘芥的古代布料数量庞大，要从中找出那个时代的衣裳应该非常困难。贞观供养的记录里，可以看到"舞女装束、唐衣、唐裳、菩萨装束"等词语，而且还有"调布三百二十端、绢八匹、唐锦九尺、纱一匹、青摺衣二领、鞋十足"的记录，应该是指这些衣裳的材料。我不知道空海大师入寂后，风俗变迁，到了贞观年代还能保留多少天平时代的痕迹，而且"唐衣"一词也仅是表示衣服之起源，并不一定意味着对唐风的忠实保存。藤原后期的歌舞装束，当然不能作为推测天平时代的歌舞装束的根据。因此最为可靠的，是通过天平时代的绘画来进行想象。天平绘画里所描绘的衣裳，一般是柔软下垂的，可以清晰地突显肉体轮廓和曲线，自由地表现筋肉的表情，我们据此可推测，伎乐的衣裳可能也大概如此。尤其是体现印度风格的衣裳，更是不得不如此。贞观时代供养仪式的菩萨，都是与佛像雕刻相似的打扮，更何况唐风流行的天平时代，即便大胆使用西域风、印度风、波斯风的衣裳，也是不足为怪的。

关于舞台上的表演内容，贞观年间的《供养记》也传达了一些信息。午时二刻，扮成人鸟的东大寺林邑乐的艺人们手捧祭品，分为东西两列从舞台静静地走向佛殿。舞台上站着一匹白色大象，背驮玉台，玉台上的普贤菩萨以雕刻或绘画里常见的姿势安坐，袒露着白色的肌肤，陷在冥想之中。不久，迦罗频伽神鸟也上佛前献上祭品，他们返回舞台时，菩萨便随着颂赞之声翩翩舞出。迦罗频伽神鸟也对站两排，且奏且舞。

其后便是胡乐（或曰古乐）。多闻天王率领十四位鬼随从（或者率领王卒和十二药叉）登场，两人献大桃，两人献大石榴，两人献莲子，两人献大郁子，两人献大宸[03]。持弓者、持矛者、持斧者、持棒者各一人。同时吉祥天女带着二十位天女上场，其中十六人各献造花一束，其余的还有执如意、白拂、羽扇者。天王药叉与天女都可以按照雕刻或绘画的形象来想象。他们也是分为东西两列从舞台走上佛前，献上供品后再回到舞台上。王卒、药叉等立于舞台辰巳角，

03　古代庙堂户牖之间绣有斧形的屏风。

十六位天女则左右分开，继续舞蹈。

接着是天人乐。大自在天王率领六十位天人登场，二十人端着天衣彩花，四十人奏乐，排列在舞台东西两侧，颂赞佛法：

佛身安坐一国土，一切世界悉现身。
身相端严无量亿，法界广大悉充满。

赞歌结束之后，天人开始抛撒彩花。花朵缤纷飘动，天人随之起舞，退场。

从午时四刻到酉时四刻，歌舞还会继续表演，在此略去其他，仅看以上所讲的三例。就像文献记录里亦有提及一样，前面二例明显属于新作品。最后的天人乐在赞歌里使用了华严经的词句，可推测是为了大佛供养而特殊编排的。里面记有唐舞师、笛师等，也许是雅乐寮[04]的宫廷艺人。忽视舞蹈动作、乐曲旋律

04　奈良时代律令制下的宫廷音乐部门。专门培养正式典礼上的雅乐演奏者，在职艺人分为歌师、舞师、笛师、乐师。明治维新以后，雅乐寮被合并到乐所，1908 年又改组为宫内省的乐部，延续至今。

来讨论歌舞虽然比较粗率，但光从舞曲的构造来考虑，恐怕与雕塑剧[05]相去不远。这是从佛典或佛像里获得的表达形式，想象比较朴素，并非是可以显示艺术家之创造力的作品。贞观初期，正好是惠心院源信和尚[06]的晚年，在《来迎图》里出现的那种特殊想象力已经极为发达，以上几种作品也多少呈现了这样的倾向。如果说日本化，那么这些歌舞就已经日本化了。因此，比起那种巨大的伎乐面具，它们应该更加适合于后代平凡的小面具。总之，从贞观时代的《供养记》里，我们并找不到与天平伎乐面具相符的伎乐。

在天平伎乐和贞观乐舞之间，之所以会产生以上的区别，恐怕是因为在贞观供养之前的二三十年，亦即空海法师逝世后的仁明帝时期左右，音乐领域发生了一场大改革。在那个时代，只有高丽乐盛行，伎乐和林邑乐

05 即法语的 Tableau vivant，亦可译为"环境剧"。单个或复数的演员通过服饰、姿势、道具等来表现绘画一般的情景，演员不能说话、活动。

06 942—1017 年，日本佛教天台宗僧人。净土宗教祖之一，是法然、亲鸾二上人之前的先驱者，其著作《往生要集》和《横川法语》至今仍脍炙人口。

都失去了其独立地位。之后兴起新的唐新乐（羯鼓乐），与高丽乐并肩成为左右乐部，形成了所谓的雅乐。从此人们热衷于新作品的创作或改编，促成了新的日本外国音乐的诞生。神乐或催马乐在这一潮流的影响下，都明显地导入了外国音乐。由此可见，当时的日本化，重点是在外来的乐舞之中，特别抽取出适合日本人（亦即外来移民已经彻底完成了混血过程、看不出是外国人的平安中期的日本人）之审美趣味的地方来发扬光大。所以，即使再伟大的东西，只要不符合他们的趣味，便会被摈弃。在此意义上，伎乐之类的乐舞也是被抽掉了骨头的。

林邑乐乃印度乐舞，应是婆罗门教所孕育出来的。但从贞观供养仪式上的林邑乐亦可看出，仁明帝时代的音乐变革已经去除了它的婆罗门味道。所以，在距离贞观时代一两百年的后世所盛行的歌舞，即使仍用林邑之名，也必须视为他物了。《舞乐要录》指出，藤原时代中后期是歌舞的辉煌时期，除了少数例外，一般的乐舞表演都会把林邑乐的陵王（左）、纳苏利（右）[07]

07　日本舞乐，有左舞、右舞之别，唐乐、印度乐属于左舞；高丽乐、渤海乐属于右舞。

放在节目的最后，甚至也有不少表演把胡饮酒、拔头等林邑乐夹在中间。但是，无论从哪种记录推测，这些林邑乐都被过于繁琐的规则所束缚着。贞观时代还存在虽然朴素但却自由奔放的想象力，此时连这种自由都被扫地出门了。镰仓时代是一个制造另外一种面具的时代，不用期待他们对古代舞曲的正确理解，但是那时候至少还应该保留着藤原末期的传统。我们阅读镰仓时代的音乐家藤原孝道所写的《杂秘别录》，便大致可知当时的音乐界氛围。孝道撰写此书，意在抵抗笼罩整个音乐界的"秘传相承"的风气。他的主张是："所谓秘藏，纵是家习，吾亦不觉有理。"然而，他本人的关心却也不出这种秘传的范围。例如关于胡饮酒，他如此说道："于舞真乃特异秘传之物，若有此舞即观赏。观之同体，不知何处有秘，然每每舞出，皆有秘藏之处。"他满腔热情地讲述的，正是藤原末期秘传的历史。甚至还引用了源雅实[08]的日记："忠时[09]舞胡饮酒，有违相传之处，乃自由肆意者。"秘传最终会萎缩艺术

08　平安时代后期的公卿，精通歌舞、文学，著有《久我相国记》。

09　忠时乃人名。

的生命，然而人们的注意力还是集中在秘传上，远离了对舞曲本身的自由思考。因此才被责备为"古规虽存，而实体既晦，于理不合也"。菩萨舞之类，"至白河院[10]时，尚有天王寺舞人舞之，然无事被献于大法会，（舞人）皆怏怏，后失传，今已无可寻也"。这正是拘泥于技巧末节的艺术的末路。作为舞乐残存下来的，已经不再是天平时代那种活气蓬勃的大艺术了。

如果我们承认在天平的伎乐面具和镰仓的伎乐面具之间，在艺术气质上存在根本差异，在把握生命根源的能力上存在无法相提并论的径庭，那么以上所述即使缺乏任何考证，亦是可以成立的吧。

通过什么，才能想象使用天平伎乐面具的舞曲呢？只能通过伎乐面具本身。伎乐在天平时代便使用了上文所说的伎乐面具。根据传说，是菩萨或者佛哲传入了印度的舞曲、菩萨舞、菩萨、部侣、拔头等歌舞，在开眼大会上上演时，让四方来客、贫富贵贱都感叹不已（《东大寺要录》二）。冈部氏的研究指出，拔头

10　指白河上皇（1073—1087年）执政时期。代替天皇执政的太上天皇亦被称为"院"。

舞以吠陀神话里的 Pedu 王惩治恶蛇的故事为素材，拔头可能是 Pedu 的音译，或者是 Pedu 王从阿施文神那里获赠的著名的弑蛇白马（Paidu）的音译。足利时代末期刊行的《舞曲口传》里，有记载曰："此曲乃天竺之乐也。从婆罗门传来。一说为沙门佛哲传入，存于唐招提寺。有皇后嫉妒之貌。"此外，按摩舞的"按摩"译自 Amma，乃母义之意，指的是湿婆神的妃子突伽女神。据说按摩舞表现的正是湿婆神与突伽女神宴饮欢醉的场面，而《舞曲口传》有云："古乐。有面。有深远口传。此曲为承和御门御时（孝谦女帝驾崩六七十年后），大户清上奉旨而作。非新作，歌词有改订，称阴阳地镇曲。"既然说修改了歌词，便说明原本是有歌词的，而歌舞里有歌词，便必须考虑到那里有戏剧情节的因素。因此，前文所述的伎乐面具变成了有力的线索。我们可以想象那些面具里，哪个是 Pedu 王，哪个是龙王（蛇），哪个是伟大的阳神湿婆，哪个是伟大之母突伽，然后戴着这些面具的伶人们，又是如何表演龙马格斗之情景，或表演男女欢醉的场面。

林邑乐里除了以上乐曲之外，还有迦陵频、陪胪破阵乐、罗陵王入阵乐、胡饮酒（醉胡乐）等，可能这些也都可以从婆罗门神话来加以解释。

但是，数量众多的伎乐面具，仅仅通过林邑乐是无法完全理解的。我们来看看前述的"奏林邑及吴乐"的吴乐吧。据称吴乐在推古时代，由百济人味麻之传入，但不清楚它与天平时代的吴乐是否相同。总之，与林邑乐并称的吴乐应该是西域音乐。《大唐西域记》的屈支（鲁兹）国条目里有"管弦伎乐特善诸国"的记载，据说此处的伎乐便是传来我国的吴乐。腰鼓面具之类，在六朝之前的中国传统里完全不存在，可知那是西域乐的特征。如果说伎乐是从中国传入，那便只有这个西域乐了。林邑乐是从南边渡海传入的印度乐，与此相提并论的吴乐应是从西边大陆传入的西域乐。西域的伎乐，与其他一切西域艺术相同，都是印度或希腊之影响下的产物，面具之类也不能避免会经过印度而继承到希腊的传统。也许有人会嘲笑这种一提面具就要说到希腊的做法，但希腊戏剧进入北印度或中亚，一如后世所说，是极其可能的事情。伎乐的乐器里，可见到竖琴、笛子、铜钹，光从这点来看就不能忽视与希腊的关系。

吴乐到底是一种什么样的歌舞？这与从猿乐、田乐到能剧的面具传统联系在一起，是一个值得探究的问题。因为后来的新猿乐，最初是从代代以吴乐为家业的大和城下郡杜户村的乐户那里兴起的。乐户把家业让渡给宫廷的左右乐部以后，依然常常以鼓笛演奏散乐。有一种说法认为，这种散乐混合了日本古代的滑稽戏"散更"和唐朝的滑稽戏"散乐"，两者无论是从音变上还是从联想上，最后都变成了"猿乐"[11]。但是，杜户村的乐人们不可能不在散乐里加入他们曾经从事的家业亦即伎乐吧。至少面具不是从散更或散乐里产生的。我们在散乐图等资料里找不到使用面具的场景，因此能剧的面具才是伎乐保存在猿乐里的证据。

　　猿乐的技巧主要以滑稽戏谑为主，除了舞蹈、杂技，还表演一些有情节的喜剧。狂言正是继承了这一传统。活在《源氏物语》刊行时代的藤原明衡写过《新猿乐记》，里面指出，当时的一部分曲目，例如《京童的玩笑》《东人初次上京》《福广圣求袈裟》《妙高尼乞褊裸》等，显

11　"散更"、"散乐"与"猿乐"的日文发音相近。

然都是"伎"[12]，并且是"喜剧"。明衡对这些艺人一一加以点评，比如某某一上舞台，光是那种模样就令观众捧腹大笑，某某最初比较沉静，但随着戏曲进展而渐渐激情四射等。我们应该注意到，这种喜剧与其说是散更、散乐等滑稽剧或杂技表演，毋宁说承接着歌舞伎乐的传统。既然猿乐的本座是杜户村，且近江、丹波的猿乐也是由此诞生的，就不能不如此判断了。

另外，也不能忽视一点，那就是与雅乐在宫廷保护下发展相反，猿乐是在寺院、神社的庇护下得以延续的。前者随着贵族趣味而变迁，后者则应中间阶层以下的一般大众的要求而变化。只要想想对于平安藤原时代的民众而言，寺院或神社的祭典之意义是多么重大，便可知道在这些祭典里担任重要角色的猿乐，其作为文化象征的价值绝对不逊于雅乐。

猿乐之外还有田乐。关于田乐的起源，学者之间尚有争议，但不管与古代的田舞是否有直接关系，总之可以确定它是诞生于农民之间的一种快活舞蹈。作为歌舞艺术，田乐的发达远远晚于猿乐，因此认为它

12　歌舞表演。

是从猿乐分化出来的见解不一定是错误的。前面所引的《新猿乐记》把田乐也算在猿乐歌舞里面。只不过两者有这样的差异：猿乐作为专业的歌舞盛行时，田乐则作为农人的娱乐、一种自发的舞蹈，朝着其他方向发展了。《荣华物语（御裳着之卷）》描绘了与《新猿乐记》属于同一时代的田乐，那是插秧日的队列或插秧劳动之外的乐队。首先是五六十位年轻女子穿着白色衣裳，戴白色斗笠，脸涂厚厚的粉红白粉，牙齿用铁浆染黑，列队走向插秧的田地。接着是地主老翁，穿着可疑的和服，也不系好纽带，足踏木屐，撑着一把残破的大伞，悠然地跟在后面。之后走过来的是体态古怪的女人们，穿着陈旧发黑的红色绢衣，涂着白粉，插着藤蔓，脚穿木屐手撑雨笠。再后面便是田乐队了。大约十人的滑稽的男人，伴着笛子和编木 [13] 的节奏敲打一种唤作"田乐"的奇特腰鼓，各自歌舞，"欢快而骄傲"。最后是提着各种似乎是装满了食物的木桶木笼以及各种珍稀之物的男人。——不久，他

13　用竹子或细木编扎而成的古代击打乐器，可发出萨拉萨拉的声音。

们来到田前开始插秧之后，途中还有点客气的田乐队员们，便马上大吹大擂，又跳又唱，放肆地喧闹起来。这显然是一种试图让农人的劳动变得愉快一些的举动，那些一边插秧一边歌唱的农谣，恐怕也是附和着田乐而唱的吧。这种名副其实的民众艺术，逐渐扩大自己的影响，七十余年后，开始了爆炸性的大流行。据《洛阳田乐记》所述，"不知其所起，初自闾里及公卿。"京都的各坊、各司、各卫都组成自己的舞团，跳起田乐，参拜寺院、游荡街衢。踩单足高跷者、敲腰鼓者、敲振鼓者、击铜钹者、晃编木者、扮成种田女养蚕女者，日夜不绝。单足高跷虽说是散更戏剧，但也可能继承了希腊 cothurnus（悲剧）的传统。腰鼓则如上所说，是西域乐器。振鼓应是 tambourine（手鼓），铜钹应是 cymbal（钹）。在这些蜂拥而至的业余田乐舞者里，富人倾其财产身穿锦衣披金戴银，朝臣武将则要么穿礼服要么披甲胄，列队载歌载舞。甚至连检非违使厅[14]的官员也穿上被禁止的有印花图案

14　平安时代律令制下的监督官僚违法行为的纪检部门，亦管理京都治安与民政。

的衣裳，在白昼的大道上边舞边走。皇宫御所的来客也凑在一起加进了歌舞。僧侣、佛师、经师等各率其类，戴起礼帽、穿上裲裆甲，扮演陵王、拔头等林邑乐舞的剧目。当时的高官里，有人还扮成九尺高扇匠、平兰笠匠、切草匠等来参加歌舞。他们的家臣则赤身裸体，仅围一条红色布带，披头散发地戴上斗笠，几近疯狂。原文描述为"一城之人，皆似发狂，盖灵狐之所为也。"——这种狂热虽是一时之事，但以此可察知田乐的强势影响。当然，这还是类似于某种面具舞会，与猿乐相比，更是非常单纯。但是僧侣们把林邑乐移植到田乐里，已经为田乐法师的诞生做好了准备。到下一个时代，田乐能剧与猿乐能剧同时起步，显示了田乐的专业化、与猿乐距离的拉近。不过，由于其专家是法师，便创造了题材或思想上的特殊传统，正好与相对比较远离佛教的猿乐对立了起来。

我在阅读谣曲或狂言的时候，曾经空想过它们与印度戏剧的关系。这确实是空想，但是如果像以上那样追溯渗入了能乐的面具之传统，毋庸置疑至少可以抵达天平伎乐。即使能乐、狂言的发达是纯日本式的，但其主旨或题材既然都是建立在中国、印度文化的基础之上，其戏剧结构也应该是同样的。因此，反过来若以能乐和狂言为参考，我们也可以对天平伎乐展开一番想象的驰骋。

与伎乐相比，能乐面具立足于完全不同的原理之上。同样，能乐和伎乐本身也是迥异的艺术，所以似可认为伎乐的优点在能乐时代已经消失了。总而言之，天平时代的伟大艺术，并没有成为顺当发展的传统，即使能乐、狂言作为乐舞长期发展的产物而出现在历史舞台，但却未必比之前的天平伎乐更优秀。作为戏剧，天平伎乐或许也是胜过能乐和狂言的，就像在雕刻、绘画、诗歌方面亦是如此一样。

把伎乐和希腊戏剧联系起来的想法虽然是来自伎乐面具，但是如上所述，既然伎乐真的是印度乐、西域乐，那这种想法就不仅仅是毫无根据的空想了。

有人或许觉得，作为伎乐传入的印度乐、西域乐属于音乐和舞蹈，并不具有戏剧结构，但是，既然湿婆神与突伽女神伴随着音乐起舞，而且还有歌词，那么这无疑就是一种戏剧了。

那为何可以说，这种印度、西域的戏剧就是承接着希腊戏剧的传统呢？在此我举不出像雕刻那样的可视证据，但是两者的关系大致相同。希腊戏剧从亚历山大东征开始到纪元后，一直盛行于北印度、大夏和波斯。大夏是希腊人创建的吐呼罗国，位于中亚的西侧山脉附近。因为波斯与罗马帝国交流频繁，因此戏剧的影响比较显著。波斯王创作希腊风格的悲剧，或是人们上演希腊悲剧来共祭罗马将士和狄奥尼索斯等，这些都是226年波斯萨桑王朝建立之后的事情。在北印度，希腊人建立起王国是公元前一世纪的事情，佛教也受到了重大影响。在公元前后出现的佛教经典，特别是大乘经典[15]在希腊艺术的感染下，其形式发生了明显的变化，佛教的礼拜仪式也在同样的感染下进行了艺术性的重组。婆罗门文化也受到了显著的影响，因为婆罗门文化与希腊文化本属同根生，比较容易接受影响。婆罗门教在奥义书创作的时代已经成为高度思辨化的形而上哲学，在公元前5、6世纪，一时被充满生命实感的佛教占了上风，但是崇拜

15　不做说明者，重点符皆出自原文，下同。

与希腊神话相似的人神的古老传统，依然保持着一般的势力，逐渐变成崇拜毗湿奴、湿婆神等，一直延续到公元后。在以推行佛教闻名的迦腻色迦王之前，首次征服了北印度的月氏王，一进入印度就成为了一个狂热的湿婆崇拜者。经过迦腻色迦及其后嗣，下一朝代的国王又再次回归湿婆崇拜。也可以说，正因为作为一种新宗教，大乘佛教产生于湿婆神影响广远的北印度，它便很明显地吸取了古代婆罗门神话。同时，当时的湿婆崇拜，也受过希腊式宗教的影响，证据是月氏之后统治北印度的笈多王朝的婆罗门式印度教，迥异于远古的婆罗门教，毋宁说更加接近于狄奥尼索斯崇拜或阿佛洛狄忒崇拜，有些地方还令人联想到西方秘密仪式。当然，也可以认为这些都是印度曾经输出到西方、在西方稍微变形之后又再次返回的宗教文化。无论如何，在希腊人、月氏族群融汇的北印度，虽然印度人时隔五百年之后夺回了主权，但是不管他们如何复兴婆罗门文化，那已经不可能再是纯粹的婆罗门了。笈多王朝艺术之所以是印度艺术的高峰，正因为那是文化长期融合的结晶。如果考虑到这种氛围，直接把悲剧、狄奥尼索斯崇拜与印度戏剧、湿婆崇拜结合起来看待，也不是什么唐突的事情。印度戏剧的舞台结构里，留有希腊戏剧的痕迹，有些印度戏剧还以献给湿婆神的祈祷开始。本来，狄奥尼索斯和湿婆神都是生命力的表现者，都关系到破坏与生殖，二者之间无非是时空相异而已。与此相同，印度戏剧与希腊悲剧也并非完全同一。影响印度的并不是希腊的悲剧精神，而是那种鲜艳的幻想之具体性、对官能之美的敏锐感觉、以及其他全部的富有自然性、人类性的希腊文化特征。尤其是戏剧方面，必须注意进入印度的希腊戏剧主要是希腊化时期（Hellenistic period）的新剧。倾向于超自然、超人类的印度文化之特质，最不适宜戏剧的创作。即使不这样，耽于空想的、过于繁冗的民族性格，依然与戏剧有所冲突。正巧是希腊新剧在写实性上不逊于近代戏剧，才能以其强力影响把印度题材戏剧化了。公元后5世纪左右，笈多王朝的黄金时期出现了迦梨陀娑戏曲，从希腊化时代到文艺复兴期间的欧洲都找不到可以与其匹敌的杰作。尽管它以那种试图超越自然与人类的印度生活为题材，但其描写方法却绝非超自然、超人类的。在如实描绘人类的自然性质上，人们指出它甚至可与莎士比亚比肩。这种狭义上非印度式的戏剧接受了希腊戏剧的传统，乃是显而易见的事实。千年之后的欧洲才发生的事情，在此时的印度已经实现了。

此类印度戏剧的兴旺，声势浩大地从大陆流向西域，从海路传入印度中国[16]乃是理所当然的。但是，传播海外的却并非只是迦梨陀娑等杰作，还一并混入了众多平庸之作，以及许多不需要专业艺人的作品。尤其要注意，这些戏剧的流传都附属于佛教的传道，可能只有对传道有利的作品才会被选择。

与中国的交流，恐怕在唐太宗之前便已经存在。笈多王朝的最盛期，相当于北魏时代，那时候来访的西域人已经不少。但是东西交流的繁盛，在唐太宗扩张领土之后才愈发显著。到了那个时代，不仅是佛教，整个西方文化都大肆涌入，印度戏剧应该也不会例外。

到了中唐玄宗时代，外国文化的传入更加频繁，贵族膳食里甚至出现了印度料理、波斯料理、罗马料理等奇珍。仕女们争先穿戴西方服饰（恐怕是准希腊

16　中南半岛。

风格的)。天宝初年，亦即天平 12、3 年之后，西方文化渗透到一般民众的生活，从当时的俑（土偶）亦可看出，女性服装几乎已经接近于希腊风格。文献也有清晰记录，表明那个时代很尊崇西方传来的新音乐。

以上就是天平时代的唐朝的情况。唐朝正是当时的日本人所憧憬的对象。有志青年成群结队地去留学，唐朝人也频繁来访，其中还包括印度人、波斯人，所以印度剧随之传入实在是不算什么。

但印度剧是否是作为戏剧而传入的，则非常可疑，因为人们关心的对象其实是佛教。当时的佛教在印度已经开始走下坡路，正在向其他更有佛教热情的国家移动。中国恰好承接了印度佛教，有为的僧侣或美术家也随之东迁。但是婆罗门文化不仅没有传道倾向，而且也没有走出国门的必要，因此很难认为真正的印度剧流到了国外。传到外面的，恐怕仅是被佛教仪式所摄取的某些印度剧要素。伎乐在严格意义上并不能称之为戏剧，然而即使它仅是简单的露天演出，我们也不能忘记，其背后延续着非常发达的印度剧。

（十一）

蒸汽浴室——光明皇后施浴的传说

蒸汽浴室的传统

法华寺院内，有一个与光明皇后施浴的传说有关的浴室，也就是所谓的"蒸汽浴室"。我之前连这个"蒸汽浴室"的存在都不知道，是前几天在奈良坂[01]途中，一位车夫告诉我的。在隔着山谷可清晰看到大佛殿的坡道中间，有一个走廊般的细长建筑，那就是蒸汽浴室了。据说在铸造大佛、建造大佛殿等工程的时候，得病的工匠、车夫等都在那里洗浴治疗。今天，我就在法华寺里突然遇见了这个浴室。

浴室位于本堂东方的庭园之中，很小，大约只有三间四方[02]左右，但内部结构完全超出我的意料之外。地板铺着瓦片，中央还另建了高约三尺的木地板，在上面有屋顶、板壁，俨然一个小房子。换言之，就像套盒一样，浴室里还有一个浴室。其侧面有一个类似于西洋建筑窗户的东西，整体形状看上去就像气候监测站放温度计的箱子，因此里面很阴暗。要爬三四个阶梯，弯着身子才能从狭小的入口爬进去。里面如果是五六个人的话，还可以不太拥挤地蹲着。这也就是

01　跨越奈良山的一条坡道。

02　间是在西日本广泛使用的度量单位，一间大约六尺五寸，三间四方一般是能乐舞台的尺寸，每一边大约五米多。

浴槽了，热气会从木地板下面涌上来充满它。这完全是一个纯然的蒸汽浴室。

我不清楚这种结构是不是从天平时代一直流传下来的。东侧的炉口，用砖瓦砌在西洋式灶马上，北边的角落里，设有一个当今僧尼常用的混凝土结构的长州澡堂。如果说这种改良是历经千年而一点点积累起来的，那么以此来推测其原型便是一件冒险的事情。但是，这个"作为蒸汽浴室的结构"本身，难道不是传达了昔日的痕迹吗？至少可以明确地说，在光明皇后时代就存在与此相似的蒸汽浴室了。

这个浴室的门楣上，挂着光明皇后施浴的匾额图画。在此图中，遍体疥疮的病人蹲坐在与当代澡堂同样构造的浴室里，身着十二单衣的皇后伫立在其旁边。让光明皇后穿着十二单衣，是搞错了时代，而且在这个古代蒸汽澡堂上画这种当代风格的浴室，已经超过了可以一笑置之的限度，令人感到一种讽刺。然而，实际上我们也曾经像此图一样，含糊地想象光明皇后的施浴传说。既然施浴是在蒸汽澡堂里进行的，我们也必须重新加以思考了。

古人很早就知道蒸汽澡堂具有医疗效用，它作为一种物理疗法，在今天也有存在意义。不难想象，在天平时代比较常见的歇斯底里病症，以及其他的会引起全身衰弱的诸种疾病，都通过蒸汽澡堂得到了一定的治疗。这么看的话，让民众洗蒸汽澡，与经营慈善医院是同种意义上的工作。以慈悲为怀的皇后进行这种蒸汽澡堂的"施浴"，应该说可能性非常高。那时候，皇后甚至显示出使得身边臣子都要谏阻的热忱，亲临此澡堂做了某些事情，也并非不可能。但是，该传说并不止于讲述"施浴"。根据《元亨释书》的叙述，光明皇后在东大寺建成之后，逐渐心生傲气，然而某日晚上，忽闻宫内半空中传来劝其"施浴"的声音，又惧又喜，便建了一个蒸汽浴室。不仅如此，她还同时发愿要"亲自洗净千人之垢"。虽有周围劝阻，但皇后矢志不渝，替九十九个人清洗了污垢。最后只剩下一名的时候，却是一位浑身长满了疥癞、臭气熏天的人。皇后也颇感犹豫，但鉴于是最后一名，便忍耐着恶臭，伸出玉手，替其搓起背来。这时病人说话了：我患有恶疾，长期受此疥疮折磨，有位良医告诉我，只要有人帮你把脓吸出来，就会痊愈。但是，世上并没有如此善良的好人，因此我的病才变得越来越严重。皇后大慈大悲，平等救人，可否也救救我？——皇后代表着天平时代的审美精神，她的感官已经习惯了芬芳的热带香料以及与其玉肤相衬的好东西，不管如何大慈大悲，也做不到把嘴唇贴到癞病患者身上。但是，倘若做不到，至今为止的施浴就会变成一场敷衍，而且若是因为肮脏而不加以救助，那么又何必当初呢？是抛弃信仰还是蹂躏自己的审美趣味？皇后只能二者择一。最后她毅然把这天平第一的朱唇覆在了癞病人头顶的疥癞上，吸出脓液，再从美齿之间吐出来。凡是有疥癞的地方，她都俯首吮吸，从肩头到胸口，从胸口到腰部，最后吸到了脚踵——遍体鳞伤的贫贱者的脏脚，承受了女人之中的女人的唇吻。当皇后吸完所有脓液的时候，只听到一句："此事切勿告诉他人。"——病人的身体忽然变成了庄严宝相，发出明亮的光辉，"你为阿閦佛洗净了污垢，切勿告诉他人。"

这是一个令人感动的故事。即便是虚构的，但拥有承载着此种传说的皇后，亦是我们的骄傲。《元亨释书》的著者虎关和尚对此作了如下批评：建造浴室是可以的，但洗垢吸脓则是多此一举，即使不做这些小事，信仰坚诚者都能在短时间内见到阿閦佛。不过，我不太认可这种批评。如果说除垢吸脓之类是后世佛家的虚构，那尚可理解，但是，在人们相信此事乃真实之后，还说那是多此一举或身为女人却为千人除垢是偏离了妇道的话，实在是过于忽视此传说中包含的宗教性激情了。若非如此，是无人能够以不冷不热的心态去吮吸癞病人的脓液的。

话说回来，这终究是传说，而且还是宗教传说里的常套。但是既然这类传说以蒸汽浴室的知识为基础，我们就可以反过来从中推测蒸汽浴室的使用方法了。在那个又窄又暗的浴槽里，一边承受蒸汽一边为民众除垢是根本做不到的事情。因此，除垢应该是在浴槽外面的冲洗场进行的吧。浴者蒸够时间之后，带着已把全身污垢悉数排到体外的心情出来，可能会因为蒸浴而略显疲乏。皇后可能是拿着类似于希腊刮身板的木制或铜制工具，给他们刮洗污垢。若是这种方式，那么想象皇后进入浴室为民众除垢的场景，也不会太令人惊讶了。

但重要的问题是当时浴者的心情。凡是尝试过蒸汽浴的人，应当可以明白，当时若融入了某种奇妙的陶醉感，事情就会变得复杂起来。据说现在遗留在大阪的蒸汽浴室甚至会给人形同吸鸦片般的官能享受，常客们都欲罢不能。如果蒸汽浴能制造这种生理现象，浴者刚从浴槽里出来时，肯定是陷在某种特殊的感觉状态之中。此时刚好热心的皇后带着女官们进来，按照顺序为浴者施洗，便非常可能会出现一种来自于蒸汽浴的陶醉与善行所赋予的喜悦的结合，亦即宗教性之法悦与官能性之陶醉的融合。这种现象在天平时代比较多见，并非荒唐无稽的想象。如果这种想象可以成立，民间创造出这种施浴传说也就不足为怪了。

为了举行施浴仪式，天平时代势必需要规模更加宏大、室内更加宽阔、更加壮观的浴室。但从当时的技术水平来看，这是不可能的事情，那么，成为此种大型浴室的想象之根据的，应该只能是东大寺的浴室了。后来，托筒井英俊君的好意，我们得以参观了位于大佛殿东北侧的浴室。建筑物并非很旧，但是相当大，很有气势。前室与后侧的浴槽区分开来，可容数十人，可用来做更衣室，也可以当作蒸汽浴者的施洗场所。浴槽果然是蒸汽式的，面积也大得和建筑物很般配。这恐怕继承了古老浴室的传统，由此推测，天平时代应该存在过颇多大型浴室。

法华寺的蒸汽浴室一直存续到现代，这当然不如该寺的本尊一直完好保存到现代重要，但这一件小事却也是意味深长的。也许是因为浴室靠近肉体，而肉体则具有连接古今的生动效果吧。如果自己能够尝试一下这种蒸汽浴室，体验一下内部的温度、肌肤的触觉、身体放松的状态、排出所有汗水的爽快心情，可能对此会有更深的感触。以这种官能现象来想象古代，并非什么聪明之举，但却是最容易的途径。

——后来Z君向我描绘了一下西洋的蒸汽浴室。温暖的大理石座椅的滑腻触觉、被蒸得浑身放松慵懒的身体、流淌的汗水、擦汗的工具，还有爽快的淋浴等，听起来都是非常舒适的，与法华寺的浴室大异其趣。但是这种土耳其浴室本来自于亚洲，或许与天平时代的浴室拥有同一个源头，只不过可能在一个民族的生活内部被不断改良，由此才产生了这么显著的差异。

从法华寺遥望古京城——

法华寺的十一面观音——

光明皇后与雕刻家——

问答师——雕刻家的地位——

光明皇后的模样

站在汤殿前面的庭院里眺望东方，透过枝叶繁茂的果树，可以看到三笠山一带的群山与点点散落在高台上的寺塔屋檐，无比祥和地浮现在已经开始变色的麦海里。麦地之间，有小汽车慢悠悠地开过，勾起了我淡淡的哀愁，仿佛回到了儿时的心境。无论是庭院沙子那种稍微混杂着些许朱红的灰白色，还是脚步踩在上面的感觉，一切都是那么熟悉。用流畅的语言和蔼说话的尼僧的优雅身姿，亦给人一见如故的亲切感。

　　不知不觉之间，心情变得一片宁静。从麦地之间眺望大佛殿时，天平年间的模样又一如既往地在我记忆的画框里浮现了出来。

　　法华寺，准确而言是法华灭罪之寺，据说本来是大和的国分尼寺，因光明皇后的热烈信仰修建而成。诏书于天平十三年颁布，所以当时即使马上开始建造，皇后也已经过了四十岁。之后的二十年，此寺集中了皇后的特别眷顾。因此也常往来于尼寺和后宫，后来甚至孝谦上皇有时候也来入住，变成了仙洞御所般的所在。那时候，上皇也大约四十六七岁了。他再次登上天皇之位后，这个寺庙依然充当了很长一段时间的御所，继续大兴土木加以营造。据说，法华寺营造司一直存在到光仁帝时代。

如果站在我们现在站立的地方，天平时代后半期的大事件便大概可以一览无遗了。迁都之际，宫中人员浩浩荡荡一路往北，开始在近江铸造大铜像，古都则渐渐荒芜，道路野草丛生，令人想起世间无常。然而不久，宫中一众又浩浩荡荡返回奈良，着手建造大佛原型，热闹非凡。无数的木匠、金匠、搬运工开始忙碌工作，每天都能看到往奈良坡上搬运木材或铜块的人。脚手架里填满土堆，铸铜的烈焰在上面吞没闪耀。这一切持续数年，终于到了供养之日，一万五千盏灯点起，整个东大寺的森林上方都被染红。几千名僧众一齐歌唱赞颂，听起来仿佛是在远处起伏的雷鸣。——东方刚刚沉寂，西边的唐招提寺、西大寺、西隆寺等又开始动工了。奈良迁都之际，已有四十八寺，至此则要增多一倍，不愧是佛教之都。

可以想象一下满城寺庙的梵钟同时敲响的情景。我们知道工厂汽笛在正午齐鸣的感觉，如果把汽笛置换成声波更长的钟声，那听起来会是什么心情呢？尽管回响平静悠长，但应该还是可以体味到更多的活泼、生动与欢快吧。很难想象昔日奈良的钟声会带着诸行无常的悲哀余韵。

伎乐之类，也极其流行。这片土地与皇宫近在咫尺，人们有很多机会可以听到这些声乐。此外，还有踏歌之类也在朝堂飨宴上盛行一时。在尼寺里的人，听起所有这些靡靡之音来，其实会有什么样的情绪呢？在欢乐过剩的时代，必然会出现远离欢乐、追求真正的清净生命的女人。我们的灭罪寺里，是否也住过这样的尼僧？还是说住着当时的"新女性"——她们把从伎乐、读经、观佛中获得的审美愉悦，与通过真正的解脱而获得的宗教愉悦统合在一起看待了吗？这是一个让我们颇感兴趣的问题，但是对此无从解答。

法华寺的本尊十一面观音是一座两尺多的木雕，个子不大。佛龛黯淡，有灯火幽幽照着，我们战战兢兢地探头观看，首先从被烟火熏得发黑的佛像之中飞入眼帘的是发亮的双眼与朱红的嘴唇。脸庞丰艳，有莫名的震慑力。也许是因为最初的印象，总感觉这座观音被包裹在一种神秘氛围之中。胸部隆起，宛如女性的乳房，胴体丰满、柔软、饱满，右手修长得奇特。

图七

※ 法华寺十一面观音

从手腕前面嵌着手镯的部分移动到捏起天衣的圆润手指之间的特殊鼓胀——这些都雕刻得极其鲜明、敏锐，但是这种美，却令人感觉到了一种在天平时代的其他观音上看不到的隐秘蛊惑力。

如果说观心寺的如意轮观音淋漓尽致地体现了密教的神秘性，那么这个类似于前者的佛像，应该也可以归为密教艺术的优秀作品。密教艺术往往显露出明显的肉感特性，而密教的立场就是试图从一切存在之中寻找唯一真理。由此来看，即便是女性身体的官能之美，也应该承认其中的佛性。但是认可这种美的无限深刻时，结果上便给女体的雕刻添加了神秘的"黑暗"。这个观音像便是一个确凿的有力证据。其中既有以肉感性为敌的意识，同时也有认可肉感性的无限威力的意识。在天平艺术的丰满和谐之中，我们是看不到这种分裂的。

由于以上印象，我比较认同最近的看法，亦即此佛像是贞观时代之作，但Z君却指出此佛像身上有明显的天平时代痕迹，坚持认为它绝非天平末期之后的作品。确实，像他那么看也可以。此佛像的丰满，比起密教艺术的肉感来，显得更加明朗一些，也的确更加接近正仓院的树下美人图或药师寺的吉祥天女画像。其右手的奇特长度虽然非常具有密教特色，但大安寺的宛如女性的十一面观音也有同样的长度。它不取天平观音那样的直立姿势，而是身体前屈，右脚弯曲。其右手轻轻拈起天衣的柔和态度，也很难说是不属于天平的证据。因为出现于天平末期的吉祥天女画像，也是以同样柔和的姿势站立的。衣服纹路的雕刻方式也的确如关野氏所说，带有天平风格的圆弧。不管璎冠、手镯、发饰等如何，也不管贞观的刀法在有些地方已经出现，仅凭这些还是无法最终判定作品的时代。像高山樗牛那样断言此佛像的特殊圆满之态体现了天平时代的特性，乃是值得商榷的，但同样我们也无法完全把它与天平时代割离开来看待。

我觉得此佛像无疑应是贞观时代之作，但是许多专家曾经把其视为天平时代之物，其中似乎也有相当多值得理解的根据。

与此佛像相关的一则传说引起了我们的兴趣。《兴福寺滥觞记》这本书虽然不可信赖，但其中记载了以下事迹：北天竺干陀罗国的见生王，欲拜真身的观世音而发愿入定，到了第三十七日，得到的告知是，欲拜真身观音则要叩拜"大日本国圣武王之正后光明女之形"。国王梦醒思忖，横渡万里碧波前往远方他国，终究难以实现，于是又入定祈祷了十七日。此次得到告知则是，可派遣巧匠摹写光明皇后之形象回来敬拜。国王大喜，派出了巧匠，亦即天竺国毗首羯磨二十五代末孙问答师。问答师抵达日本难波津，经过官府上奏了来意。皇后说，妾乃大臣之女，皇帝之后宫，难与异国国王之使会面，但是若能满足我的一个愿望，亦可会见。问答师回复什么都可答应。刚好那时候皇后为了纪念亡母橘夫人而建了兴福寺西金堂，便要求问答师制作本尊阿弥陀如来像。问答师便上奏道，若是为了报答母恩，释迦像亦可，以前释迦牟尼也在忉利天为摩耶夫人报恩。于是便定为了释迦像。日本朝廷派出小佛师担任助手。问答师也造出了左右胁侍。皇后过去参观其制作现场。而问答师一看，看到的不是皇后的女体肉身，乃是十一面观音像。他便以此为原型制作了三座观音，一座带回本国，一座安置在堂内，但现存于法华灭罪寺，另一座则安放在施眼寺。

　　毋庸置疑，这一传说所讲的并非事实，但是对于我们而言，问题在于为何会产生以光明皇后为原型的传说？为何佛像制作者是问答师这些地方。

　　相传问答师是兴福寺现存的八部众十大弟子像的作者。姑且不论是不是"问答师"这一名字，总之那些作品无疑是出自于拥有特异才华者之手。任何人只要看到那群作品，都会承认该作者擅长肖像雕刻。然而说这个作家也主持了西金堂诸像的制作，是否确切？据称现存诸像是问答师之作，西金堂的诸相也同样是问答师的作品，但因为后者没有留存，不知道是否真的出自同一人之手。《扶桑略记》《元亨释书》都有记载西金堂里置放过十大弟子或神王之像，但《滥觞记》等也表明，留存后世的十大弟子八部众，乃是从额安寺转移过来的古像，并非从建造之时便安置在西金堂里。《七大寺巡礼记》则曰，此八部众原本是额田部寺的佛像，移送到西金堂之后，寺内每年皆有骚乱，因此本应在长承（崇德）年间便已归还原寺，但现在却还在这里，实在不可思议云云。无论如何，现存诸像与同一作者的作品是否在当初都装点过西金堂内部，如今已不得而知。但是上述传说却主张兴福寺最为重要的佛像乃是问答师之作。这也就意味着兴福寺的残存佛像之中，最卓越的作品必然是问答师之作。换言之，在天平时代的兴福寺里，问答师乃是最杰出的雕刻家。那么，这个雕刻家理所当然也就是西金堂本尊的作者。光明皇后在对亡母的强烈情感驱使下，肯定对西金堂的建造给予了巨大的关注。因此正如传说所言，她说不定也会亲临佛像制作现场。于是这位艺术家目睹光明皇后、创作欲望被激发起来的假设也是可能的。当时三十二三岁的光明皇后，也正合适作为观音像的原型。——如此想来，兴福寺的传说也就有了一缕真生命。这些事情至少是"可能"的。比起对"有"还是"没有"，对"可能"还是"不可能"的问题更感兴趣的人，应该会觉得这些事情或多或少是有意义的。

但是，当时的社会果真会允许把光明皇后当做雕像的原型模特吗？有人说，佛像工匠其实是在造佛司管辖之下的一种劳工，地位似乎不能与我们今天所说的艺术家相提并论。但是我却不这么认为。根据古代记录，确实对佛像工匠的功绩与其他劳工的功绩都一视同仁，但正如止利佛师[01]那样，也不是没有帝王特别眷顾有名艺术家的例子。正好天平初期，对大唐文化的憧憬达到了顶峰，越是能够深刻体现该文化的人，便越会成为时代的英雄。阿倍仲麿获得唐玄宗的欣赏，与王维、李白结交为友等事例，说明至少在少数一部分的英才那里，他们咀嚼吸收唐文化的能力不会是太幼稚的。与仲麿同道的吉备真备、玄昉在结束十九年的留学、携带大量艺术品或学术艺术宗教书籍回国之际，受到了宫廷至高规格的欢迎。宫廷成员的精神生活迅速服膺于他们的影响。甚至连皇帝的生母宫子大夫人的忧郁症，都被他们治愈了。他们还要负责将要继承帝位的阿闭皇女的教育。这类现象，没法仅从表面的唐朝模仿欲来加以说明。恐怕宫廷成员通过与这些新人物的接触，其心灵欲求得到了很大的满足。对更广阔的活泼世界的憧憬，就是如此填满了人们的内心。很难想象这些敏感的心灵，在他们归国之前的一两年里，会对创造了如此巧妙之雕刻的犍

01　鞍作止利，生卒年不详，日本飞鸟时代（593—710年）的外来佛像工匠。法隆寺金堂本尊铜造释迦三尊像（623年）为其代表作。

陀罗人（或者被传说为犍陀罗人的无名日本人）无动于衷。宫廷人应该数次召见了这位雕刻家，这就是"有可能"的事情。那么，这位雕刻家应该见过几次那位女人中的女人，他的创作欲因此而涌动。于是，大小适中的十一面观音，便在以制作本身为目的的欢喜之中被创造了出来。这也是"有可能"的事情。我们不知道佛像被献给了谁，但是他把如此造出的三座观音像之一带回了本国的传说，给他的创作动机提供了一个暗示。这个创作动机也是"有可能"的事情。

不过，以上所述乃是对以光明皇后为原型的解释，而非承认法华寺观音表现了光明皇后的模样。我们对凝练在光明皇后脸部的情感光芒充满了期待。期待她眼中有伶俐之光，口中有敏感心灵的细微悸动，脸颊上有永不消失的热情的细腻阴影。然而，这个十一面观音的面相并不能满足我们的这种期待。它虽然丰饶，但却不洗练。尽管富有热情，却缺乏柔和，略显粗犷。问答师所造的龙王像引发了我们的期待，而光明皇后的模样应该要更加醇美才是。所以对我而言，这个十一面观音是贞观时代之作而非以光明皇后为原型的说法更加可信。

那么此像与天平时代也有关系的观点，又是从何而言呢？以光明皇后为原型的观音是可能的，但此像并非原来的那一个。——这么看的话，两者的关系就可以断开了。

试图连接两者的仅仅是空想。既然以光明皇后为原型的观音是有可能的，那么它安放在宫内也是有可能的。如果安放在宫内是有可能的，那么与宫廷拥有特殊关系的法华寺与这尊观音像发生关系也是有可能的。根据《续日本纪》的记载，光明皇后驾崩时，全国寺院进行供养，制作阿弥陀净土画像，特别是为了一周忌，全国的国分尼寺修造阿弥陀丈六像一座、胁侍菩萨两座，同时法华寺也新建阿弥陀净土院，用作忌斋场所。此时，刻画了光明皇后之模样的观音不可能没有扮演重大角色。那么，这尊观音像当然就会被移送到法华寺。

既然此观音有可能安放在法华寺，而由于对光明皇后的特殊崇敬，它也有可能获得了众尼僧的特别尊崇。于是，因为某种理由而必须制作同样的观音像时，众尼僧自然会希望制作与此像类似的佛像。贞观时代并不是一个仿造盛行的时代，因此作家应该会怀着要雕刻比原作更加出色的观音的动机来从事这一工作。但以周围人的接受方式而言，这同样是可以传达光明皇后之宝相的观音。

所以，这样的假说便可以成立了：现在的这尊十一面观音像，是后世工匠模仿以光明皇后为原型的原作而重新制作出来的。那个传说并非无中生有，在此十一面观音上亦可寻觅到天平时代痕迹的说法，也并非完全没有根据。

（十三）

天平的女性——
天平的僧尼——
师太

没有典型的天平时代妇女的肖像，乃是我们的不幸。因此对于天平女性，我们常常在极端缺乏同情的观察与过度理想化的观察之间彷徨。

但是我们可以从男性的状态来推测妇人的地位或品性的问题。在良弁那种具有机敏表情的男人所生活的时代，不可能没有我们所想象的那种敏感女性。《续日本纪》里记载的妇女活动，流于表面，无助于我们的推测，而如果详细阅读《万叶集》，可能会出现比较有力的证据。但是如果考虑该时代的特殊文化状况，很难说当时的文艺充分表现了人们的心灵。人们的精神生命因为新文化的进入而迅速成长，但是可以表达这一切的固有语言却依然贫乏，而外语精通到可以自我表达的地步，又并非易事。融汇两者来创造新的样式，在天平时代也像在我们的时代一样困难。因此，从那些具备复杂情感的人中间，可能只会诞生比较单纯的文艺。不仅如此，万叶恋歌里比较常见的恋人之间的赠答诗，以直接劝服对方为目的，其意图并不是客观描写。因此我们不能认为万叶恋歌完全体现了当时的女性心灵。如果仅仅以万叶恋歌来说明当时的人心，佛教或佛教艺术就会丧失大半意义。

不过，万叶恋歌里面，虽然每首诗歌的内容比较单纯，但这些诗歌被咏叹的环境却不一定是单纯的。妇女们急于倾诉自己的情感，没有余裕去分析、描绘那些情感的复杂性，但是这并非意味着她们没有经验过复杂的心灵纠葛。即使在新来文化的压倒性影响之下，她们的生活中心依然是恋爱，是那种身心同时燃烧的纯粹恋爱。不过在当时，恋爱即结婚、情人即妻子，人们对两者进行区别的意识非常稀薄，因此爱情衰竭时便有别离，爱情存在时才有命运的安定感。当时的女人，既有根据情感的自然状态来更换丈夫的自由，也有被委身的男人随时抛弃的危险。虽然没有因为制度束缚而牺牲自然情感的悲剧，但却常常发生吸引力和排斥力的交错而引起的各种悲剧。所以，女性为了持续保有恋爱的幸福，就不能仅仅依赖官能魅力。万叶集里的女性诗歌胜于男性诗歌的原因，可以说与此亦有关系。

　　天平时代并不以多妻为怪（尽管其他时代也是如此）。甚至连以光明皇后为原配的圣武帝也有其他夫人。女性也许已经对此习以为常。在东国妇女思念身居都城的丈夫的诗歌里，就有"当你头枕大和女人膝盖时，也勿忘了我"之意的句子。但是恋爱里的独占欲，其实古今无异，正如男性所要求的那样，女性也有同样的要求。特别在夫妻分居只能偶尔见面的当时，这种感情肯定非常容易高涨。如果不是这样，很难想象那种因为思恋丈夫而炽热如死的妻子的情感。只有我恋着你，而你爱我却只是嘴上的一时兴起——这首大伴坂上郎女 [01] 的怨恨，也只能由此来解释。如果说男人的恋情比女人的自由，那么也可以想象，女人的痛苦强度远远超过男性。

虽说那是一个可以任凭自然情感而率性行动的时代，但并非意味着没有任何的束缚。其中对"人言"的畏惧便是其中一个。例如"因为人言可畏而避免见面，但请不要过度在意。""如果你坚持要实现这场恋爱，请不要畏惧人言，出来相见吧。"（高田女王），或者"本来不在那晚见面亦可，为何一定要在那晚见面而成为他人谈资呢？"（大伴坂上大嬢）很明显，恋爱都被束缚着。那么这些"人言"的内容又是什么？虽然兄妹之恋或人妻之恋会受到批判，但在一个不以恋爱为耻

01　大伴坂上郎女（生卒年不详），奈良时代前期女歌人。诗歌技巧强，被收入《万叶集》的作品在女歌人中居首位。

的时代，很难想象单纯的恋爱会受到社会的责备。恐怕是因为担忧女儿命运的父母之爱，出人意料地有着强烈的权威吧。有一首歌写道："把我母亲都不知道的心交给你。"如果说畏惧"人言"，可能是因为其深处隐藏着母亲的权威。另外一首则写道："倘若有事，我们可以共葬在小泊濑山之墓，即使如此也不会分离，请勿担心。"如果正如解释所言，这是瞒着父母陷入恋爱的女人写给担心她被父母苛责而犹豫不定的男人的恋歌，那么可见其背后父母权威是如何强大（当然本来没必要给这首歌加上如此背景）。——不仅如此，在重视恋情的时代，想必对他人之恋爱的嫉妒也是相当严重的。在独占某个美女的男性身上，必然集中了所有觊觎该美女的男人之敌意。在陶醉于恋爱之幸福的美女身上，肯定也集中了所有情场失意的女人之敌意。这些敌意不久就会变成恶意，变成诅咒，人们开始祈望那些恋人们陷入不幸。在作为自然人的天平人之间，发生这些事情毫不奇怪。恋爱因为重视情感而受到迫害——人言可畏的理由当然不止这些，总而言之，当时的人们无比畏惧人言，使得恋爱变成了高度的秘密，而这一秘密才是女人内心最深刻的教育者。

另外，天平女人在恋爱方面并非仅是被动的一方。像笠女郎那样主动追求男性的恋歌，在万叶集中很多见。天平女人的确不亚于男人。无论是在诗歌领域还是在政治、宗教领域，没有一个时代像天平时代的女性那么表现突出。同样，在恋爱方面她们也非常勇敢。虽然男性多妻，但女人们也不乏多夫者，尽管并非同时拥有。万叶女诗人镜女王如果与额田姬是同一个人，那么她就有过三个丈夫，都是白凤时期的代表人物。大佛铸造时代的执政者橘诸兄的母亲橘夫人，后来就作为藤原不比等的妻子，生下了光明皇后。

　　这样的天平女人，很难想象她们在生活中仅是怀着单纯的抒情诗般的心境。如果说当时的男人具备了俯视人生与文化之广阔海面的能力，女性里面应该也有此类人物。如果说印度与中国烂熟的文化生活感染了当时的男性，女性应该也同样受到了影响。

　　在这方面的证据，《万叶集》并没有显示太多的证据。例如光明皇后在"维摩讲"之中唱的赞佛之歌——"秋末的雨啊，不要下个不停。山中的红叶会凋落，让人怜惜。"——便完全没有表达出对佛陀的情感，这让人感到很惊讶。《万叶集》的世界与佛教艺术的世界完全不同，这并不仅是抒情诗与造型艺术的差异，而是趣味、要求、愿望等精神本质的差异。一个时代里有两个并存的世界，这对于今天见惯了多种世界分立的我们而言，并不值得大惊小怪。虽说在《万叶集》里几乎看不到对外来文化的吸收，但我们不能因此而轻率断定天平时代的人们都没有吸收外来文化。即使只有少数专家，但对佛教哲学的理解已经开始了。更何况那么巨大的堂塔、佛像的修建，作为一种社会事件，不可能不刺激到一般民众的心灵。难以想象这些大事件完全不会渗透到人心深处。确实，佛教艺术的制作与接受都是对中国的模仿而非日本人固有的做法，与此相比，《万叶集》则显现了日本人特有的感受方式。但是，正如日本人学习西方样式画出的油画乃是日本人的艺术，甚至成为了超越传统日本画的艺术品一样，难道不可以说，模仿唐风建造出来的佛像、寺塔也是日本人的艺术，且具有超越《万叶集》恋歌的价值吗？我们没必要拘泥于传统日本人的"创意"。即使天平文化是与外国人共同创造出来的，既然那些外国人都成为了我们的祖先，那么我们在都是祖先文化这点上并无二致。《万叶集》恋歌固然是珍贵的艺术，但那仅是天平文化的一部分，而非整体。通过佛教艺术，我们同样可以阅读天平时代的人心。

在此我们可以来看看天平尼僧的生活，她们的内心也具有相当深刻的意味。

以《万叶集》为证据判断当时的佛教与国民精神生活没有关系的主张，如上所述，是一种很片面的看法。同样，认为乐天的日本人难以吸纳以厌世观为根本的佛教的说法，也没法适用于奈良的六宗。因为接近那个艺术性、哲学性的宗教的道路，并非仅有厌世观。如果说佛教需要以人类的苦难体验为必须条件，那么我们可以回答，在饥馑瘟疫频发的当时，人生悲惨苦痛是从来都不缺乏的。

对于行基 02 发起的宗教运动，当时的官府没有给予任何同情。"小僧行基及其徒弟等，在街衢妄说罪

02　668—749 年，奈良时代的高僧。不顾朝廷禁令，积极向普通民众传授佛教，深受民间爱戴。建立寺院道场多所，且参与各种社会救济事业。虽遭朝廷多次弹压，但终因民众的热烈支持而摆脱困境，最后被圣武天皇聘为建造东大寺大佛的负责人，被列为东大寺"四圣"之一。

祸，勾结朋党，焚剥其指臂，历访诸家，弄虚作假，强讨余物，诈称圣道，妖惑百姓。由此扰乱道俗，四民弃业。进而释教，退而犯法。"这就是后来被称为菩萨的行基，在将近五十岁时所受到的非难。但是，尽管遭到官府禁止，这场运动还是持续了下去。"近来右京僧尼，不遵戒律，仅以浅薄知识游说因果，诱惑民众。虽为人妻人子者，却称道佛教，抛夫弃父，出家为僧。亦有负经托钵讨食于道者，伪称邪说弘法于村邑之间者。此等群众，初似修道，终必犯奸作乱也。"这是五年后（养老六年）的官府奏折。再过了九年，行基的事业终于得到了官府认可。如果追随者达到男六十一、女五十五以上，便可以成为正式僧尼。但是私自托钵行路者还是会被逮捕（天平三年诏）。在认为僧尼的正道乃是安居寺内受教传道的官府看来，这些宗教运动无疑是很激进的。但我们不能因为它得不到官方的承认，而马上认为这些运动都是低级的迷信。行基之徒说教因果，作为佛徒是正确的。以化缘为生，也是同样正确的，不能因此而认为他们诈称圣道。在行基的传道影响下，四民奋然弃业出家，这正是行基以实际感受来传道的证据，而非蛊惑百姓。另外出家人断绝情欲，也是其出家乃来自内在之必然的证据，但这些彻底的宗教行为却不受官府欢迎。

但是不久之后，人们开始尝试去解决这一矛盾。随着行基被视为当代英雄，佛寺的兴隆也逐渐被看做解决社会问题的对策。天摇地动所带来的激烈的社会不安，必须以佛法来克服，因此无数的寺院、尤其是国分寺开始出现。僧尼的需求也高涨起来，像追随行基的大部分托钵行路者，都被官府高明地吸收了。天皇贵体欠安时，就造出三千八百名僧尼；祭祀太上天皇之陵时，剃度僧尼各一千；大佛落成时，宫中又举行了千人僧尼的剃度仪式。当然里面不乏上流阶级，但大多数是中间或以下阶层的求道者。

流浪者就这样摇身变为尊贵的三宝之一，行基扎根民间所培育出来的人，终于成了天平文化的有力支持者。

这些僧尼之中，至少有三分之一是比丘尼。其中应该也有对现世毫无奢望的老太婆，但从前述官府奏折里也可以知道，人妻、少女也不少。那么，问题就来了，这些比丘尼是否真正舍弃了现世而专注于清净生活呢？

她们之间，肯定有在人生的苦难刺激之下真正超凡脱俗的人。但是，也很难说没有因为不断憧憬更美好的生活、不满现实状况的女性，在对现世的强烈执着的驱使之下出家为尼。她们追求的是更有价值的生活，而未必是志在出家。可能也有迫于父母意志或流行威力而勉强出家的，这里并没有真正意义上的宗教抉择。在最初的狂热冷却之后，这些比丘尼们会感觉到什么？她们的物质生活得到了国家权力的保障，心灵的食量得到了佛教艺术的供给，但是她们的爱欲却难以因此而得到满足。或许有人背叛了不犯色戒的誓言，或许有人数年后便还俗了，这是一种自然而然的事情，否则，就不能说天平女人在爱情上是勇敢的。

　　然而，这虽然是她们内心脱离现世要求不够强大的证据，却并非她们对佛教文化毫无感动的证据。能够彻底从爱欲之中解脱出来的，唯有在宗教上被挑选的人才有可能。但是感知作为绝对者的佛之慈悲、沉浸于美好的偶像与音乐所带来的法悦，即使对于奔向爱欲者而言，也不是完全没可能的。她们突破了尼庵的束缚，却在佛前流下了眼泪。

　　但是我们也没有确切证据表明天平的比丘尼品行

不端。针对僧尼的训诫里，很多是警告学业松懈的，例如"转经唱礼本应遵循规矩，但最近僧尼却自创调子，若成习惯则不好办。以后务必要遵照唐僧道荣、学问僧胜晓的方式。"（养老四年）之类，便是如此。可以推测，在大佛铸造之际，以僧尼急增时期为界，逐渐出现了新的风气，以至于导致了某种颓废趋向的发生。警告僧尼勿犯淫戒的训令在延历时期开始出现，而到了弘仁九年，告诫内容变得更加严厉（日本逸史），这与密教潜入深山的意义应该也有关系。总之，天平中期的僧尼风气与弘仁期的风气之间，有着明显的差异。

没有什么比《日本灵异记》⁰³ 更能提供了解弘仁期间僧尼风气的素材了。其讲述的大部分都是天平时代的异闻，但作为文艺作品却反映了弘仁期的特性。从中窥探天平时代比较困难，但是从冈本寺比丘尼爱慕观音之情、追随行基的鲷女（富之尼寺上座比丘尼的女儿）为了帮助大虾而欲牺牲童贞的慈悲心等故事之中，也许反映了天平比丘尼的一个侧面。弘仁

03 日本最早的民间故事集，成书于 822 年，作者是奈良药师寺僧人景戒。围绕善恶因果报应之理，辑录了从雄略帝到嵯峨天皇近四个世纪的奇谈一百余回。

期的风气虽然朴素，但含有强烈的颓废之香气。天平风气则更加爽朗、更加纯粹一些。

　　老师太的气色美得世所罕见。据她身边的尼僧说，她早上四点起床，到本堂读经，"专心致志，一直读到年轻师太们都穿戴整齐来到本堂。"冬天也是在她工作完全结束之后，外面天色才破晓，因此她晚上就寝非常早。——那种气色可能就是这一生活习惯的赏赐吧。

　　师太打开手提箱子，取出小狗玩具，放在纸上推到众人面前。小狗在纸上以蹲起后腿的姿势站立着，她用手指捏过的痕迹，留在泥块里，直接就变成了小狗的胸部、腿部，非常好玩。

　　"听说把这个挂在小孩子腰上的话，可以驱虫，很神奇的。很多人都来跟我要，于是都给了他们，只剩下这么多啦。请随便拿！"

　　这是师太闲暇时候的手工艺品，也是护身符，她跟我们讲了它的来历、制作方法等。她右边的壁龛里，装饰着放在玻璃盒里的人偶。

　　师太脸颊的娇嫩宛如婴儿，但脸部的感觉却又有类似于兴福寺十大弟子目犍连的地方。

（十四）

西京——唐招提寺金堂

金堂内部——千手观音

讲堂

没想到在法华寺坐了那么久，于是我们赶紧匆匆忙忙驱车西行。离开法华寺村之后，道路就进入了古时的宫城。这是可以稍微俯瞰奈良与郡山之间的佐保川流域（古都）的较高旱田，在遥远的南边，从三轮山、多武峰、吉野连山绵延到金刚山，在薄霞之中也浮现出亩傍山、香久山。东边是三笠山的连山与春日的森林，西边则是小丘陵重叠的生驹山，都以温和的姿势堂堂正正地耸立着。不过，尽管是堂堂正正，却有着诱发甜蜜哀愁的楚楚动人之处，让人生出想在此一住的愿望。

　　道路折往宫城的西边，沿着古老的右京一坊大路往南延伸。经过有着"尼辻"、"横领"等古朴名字的村子后，就是唐招提寺的树林了。

　　我们右转，在很难称为河流的秋篠川上面的小小危桥前面下了车。小径穿过树木之间，我踩着上面的沙子，心情就莫名地变得清爽起来。道路右边有快要崩塌的泥墙，往里边一看，似乎是一个堂塔遗迹，只剩下锯子草在疯长。

　　让人意识到黄昏的阳光，从树木的隧道尽头斜照进来，唐招提寺就在那个明亮之处。

我们从侧门进入了唐招提寺。本来为了初次观看金堂的丁君，一定要绕道正面的南门才是，但大家已经颇感疲惫，也就没有勇气特意绕路，而是顺便就来到了金堂侧面。然而金堂后侧的成排大柱与其上面厚重的屋檐线条映入眼帘的时候，我们还是情不自禁地倒抽了一口气。让人联想到大海的巨大檐头之线条的起伏——尤其是从旁边斜斜看上去时的强劲力度，让并非初次参观此堂的我也感到了完全崭新的美。

我并非不知道此堂的侧面之美。我曾经站在西侧松林里，也是从斜后侧观看，沉醉在此堂古典的、肃穆的安详里时，便从其屋檐的力度与轻巧、其柱子的重量与清朗之中获得了深刻的印象。但是我当时没有觉察到，那种浑然的和谐、坚固的温柔、明朗的严肃，乃是如此深刻地来自于屋檐、柱子线条的微妙平衡。檐头线条到了两端时，微微上翘，那种上翘的分寸里，也蕴藏着表达屋檐之重量与柱子之力度的稳定平衡的有力契机。天平以后的任何一个时代，都没有办法造出如此微妙的曲线。那里起作用的乃是卓越艺术家的直觉，而不是那种可以轻易模仿的千篇一律的工匠之技。

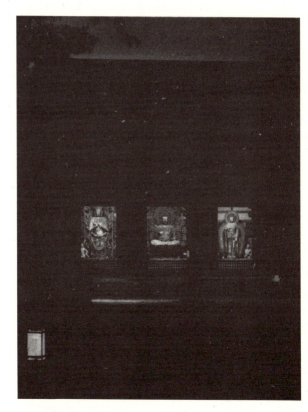

图八 ※ 唐招提寺金堂

怀着这种感觉来到金堂正面，眺望整体，更是不得不被此堂的不凡之美所打动。整个金堂都是在上述那种敏锐、细腻的艺术家直觉之中诞生的。从五脊殿[01]屋顶的四方流泻而下的面与线的微妙弯曲，其广度与长度的精确平衡——这些是在什么样的力量格斗（非指现实的力量关系，而是指被表达出来的力量关系）之中形成的呢？其实只要看看屋脊两端的鸱尾腾跃的形状、屋檐四角垂脊末端的兽头瓦那翻卷一般的尖形，都以一种难以言状的强力绷紧了整个金堂就可以明白了。特别是其中一个鸱尾作为后醍醐时代的仿品，略显粗糙，使得从两端朝中间聚集力度的设计出现了一个较大破绽，反而让人充分意识到此堂的有机和谐。另外，在屋檐与从下面承托其重量的柱子、横梁等组合物的关系当中，也倾注了无数的细心考虑。柱子的粗度与金堂大小的平衡、屋檐的长度与柱子的力度之间的和谐等等，都是不能再增删一寸的。为了从下面承接、支撑巨大的屋顶从四方倾下时面积和重

01　由于屋顶有四面斜坡，又略微向内凹陷形成弧度，故又常称为"四阿顶"，宋朝称"庑殿"，清朝称"庑殿"或"五脊殿"，日语称"寄栋造"。

量逐渐加大的感觉，那八根大柱的排列方式为，在中央的最为宽广，左右两边则渐次相近，随着其间隔逐渐变窄的比例，极其精确地对应着屋顶重量增加的感觉。本来这个与屋顶的面或线的弯曲方式也有重要关系。集中在垂脊两端的屋顶重量，通过檐头线条的弯曲，也被挪移到了最远的中央支柱。上下之间的力量就这样天衣无缝地相辅相助，制造出了美丽的和谐。

这一切也许都是通过精密的计算得出来的。例如柱子间距越往左右越窄的比率，柱子的支撑力越往左右便越增高的比率，都能以数学知识计算出来。与此相对应，檐头的线条与屋顶的面也是越往左右就越往上弯曲。这些曲线、曲面的曲率与支撑力的增高比率之间或许有着某种关系。当然，这并非现实的力量关系。不管屋顶往上翻卷，还是往下低垂，屋顶的重量并不会发生变化。但是如果往上翻卷的屋顶下面存在强力的柱子，屋顶的弯曲就会成为柱子支撑力的一种表现。在此我想指出，这种表现的背后，反而是应该隐藏着某种精确的力量关系。

我在金堂正面信步闲逛，度过了短暂的幸福时光。巨大的松林包裹着金堂，唤起了一种模糊的亲切感。在松林与这些建筑物之间，仿佛存在着某种确切的默契。西方建筑的话，不管是何种样式，都不太可能与松林的情趣相符相配。万神庙不可能置于松林之间，哥特式的寺院与那种柔和的松枝也是同样不相衬的。这些建筑只能与其国土的都市、原野、森林联系在一起来看待。我们的佛寺，也难以离开我们国土的风物。如果说哥特式建筑留着北国森林的痕迹，难道不可以说我们的佛寺也遗留着松树或桧树森林的痕迹吗？从那个屋檐里难道感觉不到松树或桧树的垂枝？金堂整体不会让人联想到枝叶繁茂的老松树或老桧树吗？东洋木造建筑拥有这种根源，意味着可以把文化差异还原到风土差异，这着实是一件意味深长的事情。

从正面观看，此堂的端正之美极其显著。也许这是因为金堂前面的柱子，像希腊建筑前廊的支柱一样，作为柱子是独立竖着的。不过屋顶曲线的巨大静谧也在这点上为其增添了力量吧。当然，这种曲线不会出现在希腊古代建筑里，我们无法从罗马建筑的曲线里感受到如此这般的静谧。化为尖角而去的哥特式建筑的曲线表现的完全是另一种美，因此这种曲线的端正之美可以说是东洋建筑的特殊之物。在此意义上，这个金堂在东洋的现存建筑里拥有着至高的价值。

但是，我们无法摈除掉色彩来鉴赏这个金堂的美。越是靠近土地便越是渐渐消失的古旧的泛灰朱色，染上柱子染上门扉染上虹梁，或者染上横梁的细部，在与白壁的柔顺和谐里，被屋顶的古色温暖地拥抱着。这种沉钝、恬淡的色调里，的确隐含着某种可以唤起寂静哀伤之情绪的力量。这可能是长年累月的空气与阳光所营造出来的"闲寂"之力量，但其他带着闲寂感的殿堂色彩并不一定都能带来与此相同的印象。恐怕是作为色彩并列之地盘的金堂形状，更进一步提升了色彩的表现力，而同时，这一古雅色调又反过来给金堂形状赋予了某种幽远的生命气息。

正在修缮巨大的干漆像的 S 氏，带我们进入了金堂内部。内部丝毫不亚于外部，感觉很有分量，简单朴素，富有魄力。立在须弥坛左右两边的两根大圆柱，撑起中间的高高天井，同时也稳住了堂内空气的一切动摇。把旁侧后侧墙壁的红白色的单纯和谐，与内阵因为装饰较多引起的复杂印象巧妙地统一起来的，也是这些大圆柱。我们穿过柱子，来到了丈六本尊的面前。修缮材料的强烈异味扑鼻而来。伤痕累累的本尊已被卸下莲台，端坐在一张铺在须弥坛上的草席上面。我靠近其膝盖，抚摸波纹起伏的衣服。S氏在旁边讲说古代油漆的优良，周围毫无秩序地散落着旧干漆的碎片、油漆罐等，其间有一些穿着脏兮兮的工作服的匠人，蹲在地上默默地工作。古代佛师的心情突然开始刺激起我的想象。不管如何，他们应该在制作佛像的工作本身里感受到了强烈的幸福吧。

对于这尊卢舍那佛，老实说我至今为止都没有被感动过，总觉得它是一个给人印象贫乏的平庸之作，不配放在这个雄伟的殿堂里。但是，也许是因为今天可以靠近接触其细部所体现的细腻节奏，对其整体印象感到了很大的愉悦。尽管它的确鲁钝，但似乎也没有特别拙劣之处，虽然被金堂之美所掩盖而毫不起眼，但作为天平末期的普通作品还是属于比较出色的。至少它已经成为了这个殿堂的浑然之美的一个要素，这就是其底蕴的一个证据。

我带着这种崭新的印象，开始重新端详此像。与此同时，对于此堂内的所有佛像，也慢慢感受到了比以前更加强烈的热爱。尤其是右边的胁侍菩萨千手观音，让我感到了连自己都有点意外的强大魅力。"手"所拥有的奇妙之美，在此的确发挥出了充分的效果。无数条令人觉得比实物还要略大的手，伸指向前，金色的影影绰绰的丈六观音，就把丰满的身体浸藏在其间。这是"手"的交响乐，其中高昂的笛声或喇叭声有时会像突然的启示一般响起来，那便是如潮水般涌过来的五千手指之间特别出类拔萃的少数大手了。这一交响乐，以刺激人心的个别音符及其和谐——亦即以暗示某种情绪的个别手臂及其集体之间产生的奇妙印象——来让观音之美得以浮现。我对于此像的深刻印象，是本尊卢舍那佛像或左胁侍药师如来所不能相比的。

　　我责备自己为何之前没有预料到这样的印象。因为实际上早在一年前，我就体验到了这些"手"的奇妙感觉。那时候，观音的周围架起了脚手架，观音也被白色绷带紧紧包裹着。这些千手，也被逐个贴上号码牌，满满地陈列在讲堂西半边的工作现场。我凑上去仔细端详了一下两三只手，感觉是制作得相当逼真的杰作。但正因为逼真，众多被从肩膀上切割下来的手在地上滚来滚去的光景，不禁令人有点毛骨悚然。组成立像来看的话，手的数目似乎不多，但把它们摆满在将近一百叠的宽阔室内时，其实是相当可观的。即使那时候已经充分具有了在鉴赏天平古美术的意识，我还是莫名觉得有点阴森。——那时候的我，本应该觉察到这些富有生气的众多手臂组成一个整体时，会散发出多么奇异的强力印象。直到今天，亲眼目睹了这一身姿，我终于发现了，这些给人阴森感觉的手臂，在艺术上被注入了有力的生命。看着这些，对于想出这种意象、造出这种构图的古人，我的尊敬之念油然而生。

我曾经在相片上看过莱因哈特[02]设计的《奇迹》舞台场景，那是数百只——或者是上千之手，朝着站立在中央高坛上面的女主人公高高伸起的场景。当时我被这些手的效果深深打动，但是如今想起来，作为纯粹表现手之效果的艺术，早就在千手观音里出现了。

S氏跟我们谈起这些手修缮之后如何返回原位的艰辛。即使事先贴好了号码，也没办法把这么多只手完全装回原来的位置，每次都会出现无法归位的手臂，必须妥善安装。

02　Max Reinhardt, 1873-1943, 奥地利著名导演、演员。

我们从金堂出来，便转到了讲堂。这个讲堂本来是奈良都城的朝集殿，也就是和铜年间[03]营造奈良京之际的建筑，但是现在的建筑已经几乎看不出天平的感觉了。据说在镰仓时代进行修缮时，连结构都改变了，因此整体感觉恐怕是迥异于原物。不过，听说内部的柱子和天井还是天平时代的。讲堂外观给人的印象毋宁说更接近于藤原时代的纤细美感。

但是，与金堂对照，讲堂的样式完全相异本身却是一件有意义的事情。在作为礼拜堂与研究场所的建筑之间，必须表现明显不同的氛围——古人这一艺术考虑，十分值得我们敬重。

03 708—715年，飞鸟时代、奈良时代元明天皇、元正天皇的年号。

陈列在讲堂里的诸像之中，唐人军法力[04]制作的佛头和菩萨头尤其漂亮。本来应是比较大的佛像，但今天胴体尽失，仅留头部。佛头连鼻子也没有了，但细看眼睛、嘴巴、脸颊的从容刻法，实在是难以言表的舒服。菩萨面部涂漆剥落，但形状遗留完好，做梦般的厚重眼睑、端正的鼻子、美丽的嘴唇，都把其魅力一览无遗地展现在我们面前。这些头像确实远超金堂诸像，若如寺庙传记所言它们真的出自军法力之手，那么讲堂的本尊、军法力所雕的丈六释迦像肯定也是非常杰出的作品了。

04　据法国汉学家费琅在 1919 年所著《昆仑及南海古代航行考》："753 年，日本天皇延鉴真至其国，随行人有昆仑人一名，名军法力。"昆仑国，又作掘伦国、骨伦国，原指中南半岛东南岛国。从头卷体黑的体貌特征看来，昆仑国人相当于今天的马来人种。据台湾东初法师《中日佛教交通史》说，军法力是一位雕刻师："唐僧鉴真东渡时，曾携去雕白旃檀千手像一躯，药师弥勒菩萨瑞像各一躯，及法隆寺之九面观音像，亦属由唐传入。鉴真随从军法力，为唐代名雕刻家，他木刻唐招提寺金堂之卢舍那佛。"

唐僧鉴真——
鉴真携来品目录——
奈良时代与
平安时代初期

据说鉴真及其随从徒弟经过艰难的航海抵达九州时，是在大佛开眼供养的翌年年末。他们进入京师时所受到的欢迎非常热烈，当时的高官高僧都全力参与了接待。圣武上皇下诏，从此授戒传律之职，一概委托大和尚[01]。不久后，东大寺的大佛殿前筑起戒坛，上皇以下，光明皇后、孝谦女皇首先受戒。

如果知道鉴真的名声与航海的困难，人们便可以理解这样的热烈欢迎。虽然不知道《鉴真东征传》的可信度有多高，但据其所说，他在当时的中国便已经作为名僧受到了官民的尊崇。天平五年，鉴真和尚四十六岁之际，淮南江左没有戒师可与其比肩，道俗皆来皈依，被称为授戒大师。他前后讲授大律及疏四十遍、律抄七十遍、轻重义十遍、羯磨疏十遍，精通三学三乘，而且还继续不懈地追求真理。讲经期间，他修建寺舍供养十方僧众，广造菩萨佛像，或召开贵卑平等大会以促进贫富差别的缩小，拯救贫病交加的民众。这些事情不胜枚举，他抄写的经文一切经三部三万三千卷，授戒人口达四万人以上，弟

01　对鉴真的尊称。

子当中出名的有三十五人。因为他如此名闻遐迩，被时人所敬重珍惜，使得赴日时不得不几乎采用了逃走般的方式。但是准备完好开始出航时，狂风破坏了一切。于是十多年期间，他反复五次失败，经历了种种苦难，最终还是没有放弃远渡日本的愿望。

到了天平胜宝五年秋，入唐大使藤原清河、副使大伴胡麿、吉备真备等来到扬子江口扬州府的延光寺拜谒鉴真和尚，请求他搭乘使节船东渡。和尚大喜，答应离开，但是当消息传开之后，寺庙加强了防护不许他出行。鉴真和尚在一个禅师的帮助下，悄悄登上江头的小舟，才得以脱身。于是他与弟子们一起进入了停在苏州黄泗津的日本船。大使由于害怕官兵搜查，一度令其下船，但是大伴副使趁着夜色把他们藏匿在自己的船只里，方才实现了东渡的夙愿。

根据《东征传》，随行弟子有扬州白塔寺僧法进、泉州超功寺僧昙静、台州开元寺僧思托、扬州兴云寺僧义静、衢州灵耀寺僧法载、宝州开元寺僧法成、其他八位僧侣，藤州通善寺尼智首以及其他两位比丘尼，扬州优婆塞潘仙童、胡国人安如宝、昆仑国人军法力、瞻波国人善听以及其他，一共二十四人。泉州在福建省，台州、衢州在浙江省，宝州、藤州在广西省。胡国多用于泛称西域，昆仑国意味着交趾中国 [02]（法占印度中国）的某国，瞻波国也是交趾中国的一部分，大体上都是南方人。

相传上述的胡国人如宝乃是招提寺金堂的建筑家。为何刚到日本时才二十岁左右的青年如宝，就能成为那个伟大殿堂的建筑家呢？我们也不得而知。金堂建立时代不详，但如果相信《招提千载传记》，则应该是完工于如宝二十五、六岁的时候。如果另如学者所说，金堂建于鉴真圆寂之后，那时如宝就已经超过三十岁了，已在日本度过了十年以上的岁月。其间他在东大寺的戒坛接受鉴真大和尚的具足戒，成为了独挡一面的僧侣，在下野的药师寺戒坛一设立，他就作为戒师赴任了。如果如宝具备建筑天才，那么到底是在哪个时代哺育出来的他呢？《招提千岁记》说，他是朝鲜人，幼时进入鉴真门下。如果他在二十岁之

02　法语为 Cochinchine française，是对法国统治时期的越南南部的称呼。

前师从鉴真期间就已经掌握了各种建筑技能，那的确是"天赋异禀卓尔不群"。这样的天才，应该不会虚度二十岁之后的宝贵五年或十年。这么一来，我们可以认为，他这五年或十年是在建造之中或刚刚建造完毕的东大寺珈蓝之中度过的。因为大佛殿虽然建于大佛开眼之前，但彼时珈蓝整体还没有完成。所以我们可以推测是东大寺建造的大工程哺育了天才如宝。

鉴真寂化时，如宝不过三十多岁，但已与前辈法载、义静一起，被鉴真和尚托以后事。从天平时代末到弘仁时代的四五十年期间，他作为招提寺的座主，大为活跃，据传也与弘法大师有亲交。

昆仑国人军法力是那些美丽佛头的作者。招提寺的雕刻家之中尚有与印度关系密切的昆仑国人，正好说明了招提寺的木雕，明显具有大腿粗壮、衣服紧贴大腿的南印度风格的事实。关于他的身世行迹，并没有留下记载。天平十五年鉴真的第二次出航计划条目里，有僧侣十七人、玉作人、画师、雕佛、刻镂、铸师、写绣师、修文、镌碑等工匠共计八十五人的记录，据此判断，显然鉴真和尚尤想带领美术专家过来，我们也可以轻易想象到军法力便属于此类人才。招提寺的众多建筑里必须各自安置数个菩萨佛像，他应该是指挥着日本人徒弟努力参与制作的。而且，招提寺的众多古老木雕应该也是他及其弟子的作品。

金堂本尊的制作者被认为是思讬、昙静两人，也有说法认为是义静之作。他们都是随鉴真来日的唐僧。尤其思讬，深谙造佛妙技，除了本尊之外，也制作了左胁侍药师像、开山堂的鉴真像以及其他众多菩萨佛像，而且也撰写了现存《东征传》之源头的《东征传》三卷、《延历僧录》一卷，应是鉴真弟子当中的佼佼者。但是搁置作为优秀美术专家的军法力，而让他来制作本尊，必有某种理由。我想，可能是因为军法力不习惯制作干漆像吧。木雕丈六坐像本就困难，加上干漆是当时的流行，本尊已被定为干漆像。干漆像工匠在我国也不少，他们就在思讬的指挥之下开始了制作。军法力从旁学习之后，才得以制作讲堂的丈六释迦像。——这么想也不无不可。把军法力与印度联系起来思考的话，这种想象也比较说得通。

关于千手观音的作者，有一个有趣的传说。《招提千岁记》说是天人——在寺庙的西北二町的树林茂密的小山上，大雾笼罩了七天七夜，什么也看不清，天人就在此期间造出了千手观音像。而《七大寺巡礼记》则举出了菩萨化人之说——虽是竹田佐古女所造，但佐古女乃是菩萨化身。不管如何，都是让时人惊讶的事件。想想一只只地制作那么多手臂的作业场景，发生那么多传说也是毫不奇怪的。

鉴真和尚带来的外国人比较少，但是携带物品却相当多。今天的丸善公司 03 的工作，在过去是如何进行的呢？我们可以来看看《东征传》的以下抄录：

◉肉舍利三千粒　　　　◉功德绣普集变一铺 04

◉阿弥陀如来像一铺　　◉雕白旃檀千手像一躯

◉绣千手像一幅　　　　◉救世观音像一铺

◉药师弥陀弥勒菩萨瑞像各一躯

◉同屏障

◉《大方广佛华严经》八十卷

◉《大佛名经》十六卷

◉金字《大品经》一部　　◉金字《大集经》一部

03　日本著名出版社，经营海内外图书、杂志、文具、办公机械等，创立于 1869 年。

04　佛画数量单位，三幅或七幅为一铺。

◉南本《涅槃经》一部四十卷

◉《四分律》一部六十卷

◉法励师《四分疏》五本各十卷

◉光统律师《四分疏》一百二十纸

◉《镜中记》二本

◉智周师《菩萨戒疏》五卷

◉灵溪释子《菩萨戒疏》二卷

◉《天台止观》、《法门玄义文句》各十卷

◉《四教义》十二卷　◉《次第禅门》十一卷

◉《行法华忏法》一卷　◉《小止观》一卷

◉《六纱门》一卷　◉《明了论》一卷

◉定宝律师《饰宗义记》九卷

◉《补饰宗义记》一卷

◉《戒疏》二本各一卷

◉观音寺高律师《义记》二本十卷

◉南山宣律师《含注戒本》一卷及疏

◉《行事抄》五本

◉《羯磨疏》等二本

◉怀素律师《戒本疏》四卷

◉大觉律师《批记》十四卷

◉《音训》二本

◉《比丘尼传》二本四卷

◉玄奘法师《西域记》一本十二卷

◉终南山宣律师《关中创开戒坛图》一卷

◉法铣律师《尼戒本》一卷及疏二卷

◉玉环水精手幡三口 05

……◉菩提子三斗

◉青莲花叶二十茎　　◉玳瑁叠子八面

◉天竺革履二量　　　◉王右军真迹行书一帖

◉小王真迹三帖

◉天竺朱和等杂体书五十帖

其中水精手幡以下的物品皆献给了皇宫，最初的
舍利三千粒，也是初谒圣武上皇时的礼物。美术品有
刺绣两块、画像两幅、画在屏障上的画作三张、雕像
四座，屏障与雕像应该都是很小的东西。经典之中疏
类较多。不知道他们是否专门挑选了日本没有的经

05　《唐大和上东征传》（中华书局 1979 年版，汪向荣校注）
88 页的记载为"四口"。

疏，不经调查不太清楚，但不管如何，这些经疏的进入，应该对当时的佛教思想界产生了很大的影响。

我们常有一种试图截然区分奈良时代与平安时代的心情，也常被这种仅为方便而制造的时代划分所困扰。天平与弘仁的文化气氛虽有显著差异，但是从天平末期到弘仁初期，变迁乃是渐进的，并无一条清晰界线。弘仁期有一种对天平时代末期之颓废的反动，同时也有继承。比起此间的变迁，弘法大师寂灭后的百年变迁更加巨大。在风俗上，不知何时就出现了平安时代的衣冠束带，女人们纷纷披着长发走路，宛如今日洋装一般可自由表现身体轮廓的女性衣裳，变成了坐立行走不太方便的十二单衣 06；住宅方面，贵族的寝殿造庭院 07 逐渐确立；文艺方面，《万叶集》和歌开始变成《古今集》诗歌，假名书写产生，小

06　日本平安时代命妇以上的高位女官穿着的朝服。由唐衣、裳、上衣、打衣、袿（五衣）和单衣组成，平安末期则再加上比礼、裙带、结发、宝冠等。十二单是俗名，正式名称为五衣唐衣裳装束或女房装束。

07　平安时代产生于皇族和贵族之间的园林样式，因以寝殿为主体建筑而得名。

说散文出现，日本人开始第一次用日语撰写文章；美术方面诞生了纤美的式样，且作为纯粹典型的日本风被后世所接受；宗教领域也出现了空也念佛[08]的流派——一切光景都为之一变。

一般而言，这个时代往往被视为外来文化的日本化时代。如果以此特征来区分时代，弘仁期必须被归入外来文化输入的时代。但需要注意的是，问题并不仅仅与输入和消化有关。衣冠束带、十二单衣、长发等趣味的变迁，不仅仅意味着从模仿到独创的转变。寝殿造庭院、假名文字之类，给消化与独创方面赋予了最为有力的证据，但是假名文字不是汉字的日本化，而是利用了汉字的日本文字的发明，寝殿造不是汉式建筑的日本化，而是通过学习中国的建筑技术而形成的日本式住宅。换言之，这些变迁都应该视为我国人在外来文化基础上的独特发明历程。不是固有的日本文化包容、摄取了外来文化，而是我们国人在外来文化的氛围之中培育了自己的个性。这种看法，

08　日本佛教用语，又作"钵叩"。净土宗僧空也之弟子平定盛经由其师之指导，边叩瓢，边念佛，故此种念佛方式称为空也念佛。

在视外来文化为培育基础这点上，不同于仅把外来文化看做移植之物的观点。从此立场来看，日本人的独创与外来文化并非相互对立，而是从外来文化之中诞生出来的。

无法使用本国语言写作的时代与能够使用本国语言写作的时代，这两者之间我们必须承认的确存在巨大的进步。不过这不意味着，这一进步是通过让本国文化独立的努力而获得的。在大唐文化如潮水般涌来的时代，人们热心学习汉语语文，而自国语言仅用于天皇宣命或和歌。换言之，这就是认为它们对于新的思想制度而言作用不大的证据。在和文获得了精炼的样式之后，汉文依然被广泛视为更高级的文体。不用说只有女性才写和文的时代，即使到了近松门左卫门和井原西鹤出现以后，汉文还是非常流行，会作汉文乃是成为学者的必须条件。甚至到了今天，能用外语发表著作的人，仅仅是因为可以写作外文就得到了某种尊敬。这样的日本人，在没有本国文章的时代，即使他们把汉文视为本国文章而不感到奇怪，也不是什么不可思议的事情。毋宁说，日本文乃是因为教养不足而不得已创造出来的文字。也就是说，平安朝的和文诞生于汉学素养较少的女性世界，和汉混合体诞生于没有能力写作汉文的武士阶级，口语体则诞生于连文体都不懂的民众之间。综上所述，作为日本人的创造，其意义就在于那不是通过本国文化的独立意识，而是从生活需要之中不得已挤压出来的。

《日本书纪》虽然用汉语汉文写就，但它依然是不折不扣的日本人作品。对待奈良时代的汉文，我们也必须像对待德川时代的汉文一样，把它视为日本人的作品来正面评价。根据某位专家的说法，那个时代的汉文没有和臭[09]，很了不起。这是认为尚未出现日本式的东西反而更好的观点。造型美术亦可同等观之，不管多么像外国式样，但那依然是日本人的美术。袭用外来式样本身并非值得羞愧的事情，在艺术道路上，只要能创造出伟大作品就可以。

毋庸置疑，天平时代创造出了伟大的作品。如果没有这个地基，藤原时代的文化便无从产生。

09　亦作"和习"。指日本人写作汉文时，受日语影响而带有的独特癖好或用法。最初指出这点的是江户时代儒学家荻生徂徕。现在"和臭"也指日语的独特风格、气氛。

药师寺、讲堂药师三尊——

金堂药师如来——金堂胁侍

药师的制作年代、天武帝

天武时代的飞鸟文化——

药师的作者——药师寺东塔

东院堂圣观音

在我们于黄昏时分抵达的药师寺里，耸立着东洋美术的最高峰。

虽然已经过了参观时间，但在Y氏的热心斡旋之下，一位年轻僧人还是拿着大钥匙站到了我们的面前。进入小小的后门，便有一个讲堂，堆满灰尘的门扉已经快坏了。古池那边，金堂给我们展示了它的背面，看起来仿佛一个废屋。周围的广场任由杂草丛生，一种荒废古寺的氛围扑面而来。

向导的僧人停在讲堂旁边的门口时，Z君问要不要进去看，我们说既然已经来到这里了，就当以后的谈资也可。于是随着大锁发出的粗犷响声，积满灰尘的门开了。穿过里面悬挂的黑白相间的巨幅幔幕，就发现丈六的三尊药师像在讲堂的幽暗之中，寂然俯瞰着我们。我漫不经心地抬头，却不禁吃了一惊。自己前面的铜像，并非可看可不看的粗陋之作，而是具有古典之浑厚的杰作。有人开始发出了赞美，我也觉得确实如此。绕到旁边一看，本尊的侧面之美，也是不能轻易忽视的。胁侍的胴体雕刻也没有那么稚嫩。必须承认，这里确实有"艺术家"水准。

我为自己从此像里发现了美而感到高兴。遮蔽此像之美的，是那种缺乏光泽的不洁的铜色。如果它像金堂的铜像那样带有水灵而光滑的色泽，应该会更容易攫住人心。看到此像引起的拙劣感，确实是受其色泽的影响。初次观看此像时，无法相信这是千年前的作品，后来打听才知道，它被埋在某处不远的地里，过了几百年，在德川时代挖掘出来才移到此寺，那些斑驳的不洁色泽恰是"出土艺术"的痕迹。但是这样的话，这三尊佛像对我们而言就成了一个谜。此等杰作被遗忘在地下，到底是为何呢？能够安置此三尊佛像的寺庙，必然是相当宏伟的，而它却完全湮灭在历史之中无踪可循，又是为何？这三尊佛像在要求我们解决这个谜。

　　我们从后门进入了金堂，重逢的喜悦让我稍微有点心跳加速。走到金堂侧边，那个胁侍美丽光滑的半裸身体首先进入了我们的眼帘。然而就在我们自上而下地眺望它的巨大身躯的瞬间，端坐在对面的本尊药师如来的侧脸出现在其柔和弯曲的右手与丰硕的大腿之间，那具有"仿佛要融化般的美"的侧脸，迅速如电光闪耀般夺去了我们的视线。我们赶紧走到本尊面前，良久不动，像被钉在地上一样。刚好那里有个凳子，我们便坐下来，继续出神凝看。今天傍晚的光线实在太好了，因为佛像的光滑肌肤对光线非常敏感，平时很难看到它恰如其分的亮度。

本尊那雄壮、丰丽、柔和与强力相互拥抱、仿佛圆满本身之存在的精美身姿，除了自己亲眼观看体味之外，简直无以言表。光是在胸前展开的右手手指的凝滑柔和的光泽，就足以打动我们了。无论是蓝天般清澈而深远的胸部、从健壮的肩膀传递到胸手再流淌到腹部的微妙而柔和的衣裳，还是使得上身可以在寂静和谐之中安坐的硕大结跏的形状，其丰丽的身躯似乎可以让无尽的美之泉水从所有的面与线之中不断喷涌出来。这不是我们观赏希腊雕刻时感受到的人体之美。希腊雕刻表现的是作为人类愿望的最高投射的理想之美，而在这里，反映彼岸愿望的超越者是在借助人的形态现身而已。如果说从视现世为虚幻、在更深处寻觅真实生命的宗教情感里，必然会诞生绝对境域的具体象征，那么这种超人类的气息如此强烈也是难以避免的。这种气息在头像的美之中，表现得

图九

※ 药师寺金堂本尊药师如来

更加明显。脸部具有眼睑厚重、鼻子宽阔、轮廓相对不太鲜明的蒙古种的独特骨相，但是在品位与威严方面不逊于任何种族的脸。希腊人把东方某民族的脸相评价为"像一块肉团"，这可能在某一点上确实没错，但是他们不知道，从这种肉团里也可以焕发出如此的美。脸颊奇妙的圆形、丰满肌肉的难以言表的收缩方式——本应是肉团的脸上，浮现着无限的慈悲、聪敏与威严。微微张开的细长眼睛里，似乎蕴含着大悲之泪。从闪耀在脸颊、嘴唇、下巴上的光芒里，可以感觉到无量的智慧与意志。这的确不是人类的脸，这样的美也是超越人类的美。

但是，孕育出这种美的，依然是精通写实到可以超越写实的艺术家精神。他们是在熟练掌握了从下部形塑人体的技术之后，才领会了从上面来制作超越者之姿态的过程吧。如果不是深刻捕捉了自然之美的人，而且如果不是可以敏锐表现这种美的人，根本无法给那种翻滚在内部的意念结晶赋予适当的形态。这个作品并非是在没有模型的条件下突然创造出来的，也不能肯定这种意念结晶是首次出现，但不是说只要有了模型就能够轻易造出此等杰作。能够制作此等杰作的艺术家，纵使眼前摆着千百个模型，也会坚持以自己的眼睛来捕捉美、以自己的热情来让意念结晶。罗马时代对希腊雕刻的仿作，不管如何巧妙，总是缺乏核心的生气，丧失了表面的新鲜，但是这种钝感在这个药师如来像的任何一处都找不到，它仿佛是刚刚诞生一般新鲜。

我继续凝视此像。仅是那种漆黑、滑腻的色泽就能把人吸住不放。面的制作方式实在巧妙得惊人，让这些色泽有了生命力。这样的制作方式，充分利用了铜这一金属的特质。铜具有特殊的伸张力，亦即所谓的柔软硬度，在艺术家的灵活驱使下，与那些精美皮肤或衣裳的矫健平滑——实际上紧绷但又仿佛要融化般柔和、既有永恒不灭的坚硬清冷又有似乎触之则暖握之则有弹性的奇妙肌肤——完美结合了起来。不过，对铜的这种运用，如果没有作者对人体美的惊人理解，也是不可能的。请看那只张开的右手，看从肩膀流向手臂再包住左腕的衣裳吧，虽然仅是其中一端，也足够明白作者的眼睛看到了什么。但作者看到的人体美的深刻，还不是这个作品的根底。更重要的是他进行的选择与理想化处理。作者为了服务于自己的意念，显露某种美，掩盖了其他美。为了完全和谐地引出这种意念的结晶，强调了一种东西，压抑了另一种东西。部分形态的美就这样通过整体美的力量得以开花，获得了无限的生气和魅力。换言之，其最深刻之处潜藏着艺术家的精神。

我们无法知道这个艺术家是什么人，连他是日本人还是唐人都不知道。但无论如何，他都属于我们的祖先，而且是一个罕见的天才。如果说天才是一个民族的代表，在一千二百年之前，这个天才就代表了我们的祖先。回溯样式的传统，把此作与初唐联系起来应是比较正确的，也可以通过此作来推测遗留品较为匮乏的初唐铜像。不过，如果可以通过比较此作显现的精神与初唐气质，探究两者的异同，那么在了解吾等祖先的意义上而言，是更加有价值的工作。我感觉，此作所显露的伟大与柔婉之中，存在着唐代石佛或印度铜像之中看不到的某种微妙特质。是否有什么方法可以精确捕捉这一特质呢？这个问题的解决，将会成为理解日本这个国家明确成立的时代——美术史上的白凤时代的关键。

与本尊相比，胁侍的日光菩萨、月光菩萨显得稍微逊色一些。其面相、肢体的制作非常相似，作为三尊佛是相当和谐的，但恐怕本尊的作者不会是两胁侍的作者吧。能够把缠绕在本尊下肢的衣裳雕刻得如此巧妙的艺术家，难以想象会满足于胁侍下肢衣裳的那种鲁钝。不管是面相、手、肩，都有类似问题。两胁侍里面右边的那尊稍胜一筹，也许左右两边都是不同人的作品。制作本尊的艺术家有两三位这样的弟子，也毫不奇怪。

此三尊佛的制作年代是从天武帝晚年到持统女帝退位之间的十七年。最初是天武帝为了祈愿皇后眼疾痊愈而计划建造，天武帝驾崩之后，由皇后（持统女帝）花费十多年的岁月而完成。本尊的开眼会是在持统女帝晚年，药师寺伽蓝的完成则是在文武帝初年。但是本尊的铸造工作，正如《药师寺缘起》所记，似乎是在天武帝驾崩前完成的。东塔露盘的铭文上写着"铺金未遂，龙驾腾仙"，便是证据。这样的话，此像的主要制作年代，便可以限定在天武帝晚年。于是在这伟大的五六年期间的飞鸟京就非常值得我们关注了。

天武帝是通过壬申之乱而即位的，自古以来在史家之间引起了诸多讨论，但是对于我们而言，在其他意义上，他却是一个令人印象深刻的代表性人物。第一，天武帝作为万叶歌人非常有名。他写给额田王[01]的一首著名恋歌，千年之后依然是众说纷纭："芬芳如紫草，如何能恨记。君虽为人妻，恋心无处匿。"天皇的炽热天性已经展露无遗，而这种炽热在佛教信仰上也同样显现了出来。坚守杀生戒和禁止肉食的，正是此帝，从那以后日本人吃兽肉的传统就衰落了。因此日本人无论是在体质上还是在文化上，都受到了天武帝的重大影响。天武帝在晚年还命令诸国，每家每户都要设置佛坛、常备佛像经典。这也成为了一种有力的传统，甚至作为一般风俗延续到现代，但在当初则有把佛教作为国教强制给国民的过激意义。没人能否认佛教是在此帝的治下迅速繁荣起来的。到了晚年，他频频临幸各大寺庙，或者让众多僧尼安居宫

01　日本七世纪左右的著名女歌人。据说美丽贤淑、多才多艺，其作品在万叶集中有九首。十来岁入宫成为巫女，先后与大海人皇子（后来的天武天皇）和中大兄皇子（后来的天智天皇）结婚，亦导致了两兄弟的不和。

中等。为了天皇的病愈，诸寺僧尼与上下群臣一齐活动起来，致力于读经、造像、剃度、祈愿等，这在此之前是从没有过的事情。天智帝[02]驾崩之前，虽然也在宫内开眼百佛，给法兴寺的佛祖供奉珍宝，但是在拥抱佛祖的热情上面，完全无法与天武帝相比。天武帝在礼佛的氛围之中安息，相反，天智帝却是在皇位继承的纠纷之中驾崩的。为天平文化奠定了直接基础的，并非天智帝，而毋宁说是天武帝。

那时候的文化动力，毋庸多说乃是从唐朝归来的新人们。另一方面也有精通汉语和中国古典的学者，他们似乎都成了当时设立的大学以及国学的博士助教。根据天武帝驾崩十几年之后制定的大宝令记载，大学学生名额四百三十人，博士七人，助教两人，其他还有大学头以下职员五人。国学根据国别设置，博士一人，学生二十或五十人，另有医师、医生等。课程主要以学习中国古典为主，以及书道、音学。音学指汉语的发音之学，掌握了则可自由进行口语会话，也有算数学的专修科目。这些教育全部

02　天武天皇的兄长，也是其前任天皇。

是为了培养官吏，但其结果也促进了一般教养，成为了把中上层社会引向精神事物的有力契机。我们不能忽视，这正是佛教兴隆的社会基础。例如为了了解佛教经典里的诗性妙趣，精通汉语的人，远比只知汉文不懂汉语的人有利。因此对于当时大学毕业的人而言，听僧尼读经的印象，应该是相当清晰且强烈的。这样的理解在背后推动了佛教的流行。

不过，另一方面，也有一些人在形式上比博士助教做出了更加显著的业绩。也就是那些在唐朝学习法制、经济，并把它们应用到我国的新人们。当时的情势，有点类似于明治维新之后、宪法发布之前的启蒙时代，所有事物都需要一个新的形式。因此强势执政者必有掌握了新知识的学者跟随左右。藤原不比等接受了留学唐朝的田边史的教育，正是其中一例。从这时开始，律令改革已经做好了准备，国家组织的新光景，必然给人心都带来了朝气勃勃的紧张感。正如宪法发布与鹿鸣馆文化联系在一起，这个时代的发型与服饰也都开始急速唐化。这虽然仅是表面的变化，但表面的变化不久便必然会唤出内部的改革。

更加出色的新人里，还有道昭、智通、定慧等僧侣。道昭是古代归化人的后裔，定慧是镰足之子，他们一起入唐，跟随玄奘三藏学习，穷究当时世界文化的绝顶而归。毋庸置疑，他们带回来的并不仅仅是法相宗的教义。

以上便是天武帝晚年的状况。从文化而言，那是一个巨大的发酵时代，但是却没有留下以同时代人的眼睛观察该状况、并记录其体验的文献。留下来的除了《日本书纪》的记事之外，便只有《万叶集》和歌以及无言的造型美术。而且其中甚至还有与讲堂的药师三尊一样完全不知其来历的东西。所以我们搞不清楚伟大的金堂药师如来的作者，也是情有可原的。

不仅是这位作者，药师寺大伽蓝的建筑师或者大官大寺九重塔的建筑师、其他雕刻家、画家，都没有留下名字。从遗下的少数作品来判断，当时的造型美术应该已经达到了惊人的高度，不过那些伟大艺术家的名字，甚至还没有天武帝的百济人御医之名重要，得不到任何关注。不过尽管《日本书纪》等闲视之，并不意味着当时的社会也对他们同样冷淡。《日本书纪》不过是官府的文书记录，其目的并不在于表现民族的意志或情感。我们认为，当时的文化毋宁说是由那些没有被《日本书纪》记录的中产知识阶级所担当的。例如，我们已经知道天皇命令所有民家必须建造佛坛，这个命令应该在某种程度上得到了尊奉。于是便会出现对佛坛的大量需求，供应者自然也必不可少。如果我们承认佛坛的最卓越范例是玉虫佛龛[03]或橘夫人佛龛[04]，那么佛坛标准早已不是德川时代的那种低劣之物。可以应对一般社会需求的佛坛制作工匠必须是相当有为的艺术家，而且其人数应该不少。这么一来，艺术家群体就会成立，在这个群体当中，能够雕刻大寺的本尊无疑是一件非常光荣的事情。在这种群体的氛围之中，能够制作药师寺金堂本尊的那种杰出艺术家，应该是他们公认的天才。这类现象，无论是在建筑师群体，还是在僧侣群体或者学

03　飞鸟时代（七世纪）的佛教工艺品，现作为日本国宝藏于奈良法隆寺。因其装饰使用了玉虫（中文叫彩艳吉丁虫）翅膀而得名。佛龛一般安置于室内，但玉虫佛龛模仿了实际的佛堂建筑外观，是了解日本古代建筑的重要文物。

04　放置光明皇后生之母橘三千代夫人的阿弥陀三尊像的木造佛龛，高约 2.7 米，呈宝塔状。奈良初期作品。亦藏于法隆寺。

者群体之间，应该都是存在的，而他们都与《日本书纪》毫无关系。

不能否认，在以上这些实际的文化担当者之间，混杂着大量的外国人。当时离中国人经过朝鲜大举移居日本并没有过去多少年，而且唐人的东渡也开始多了起来。既有二千唐人与唐使一起抵达筑紫[05]的记录，也有关于赐予大唐人、百济人、高丽人等一百四十七人爵位的记载。古代的归化人或混血儿，一般都以学问艺术作为其家业。尤其是飞鸟地区乃是这些文化人的根据地，在壬申之乱时，不少人还为天武帝卖过力。从这些归化人群体之中，也出现了很多留学唐朝吸收新文化归来的僧俗之士。这些知识阶级所创造的新文化，到底在何种意义上是"日本式"的呢？但是，不管如何他们都是我们的祖先，无论是在精神上还是在肉体上。

那个药师如来像，给人一种上述混血民族所特有的强烈的合金之感。如果仅是作为移植艺术，那么它显得太过于伟大了。其种子无疑是外国的，但是土壤

05　大概相当于现代福冈县全境的古称。

与肥料却是新的。如果硬是要讨论"模仿"的问题，那么我们必须看到，现代的所有文化物质也都是模仿的。用不着引用塔尔德[06]的学说，我们都知道模仿是人类社会的正常现象。重要的是如此杰作诞生了的事实，而不在于是否是模仿。

不过，在金堂本尊之外，另外还有一个杰作——东院堂的圣观音。于是在天色变黑之前我们又匆忙赶到了东院堂。

从金堂到东院堂的路上，耸立着白凤时代大建筑的唯一存品，亦即东塔。这是一座能让无论多么匆忙的脚步都会忍不住停驻的出色建筑。三重屋檐，每一层的下面都附有另一层短一点的裳檐，看上去仿佛是可伸缩大小的六层屋檐重叠在一起，让轮廓线条的变化显得异常复杂。它总给人某种异国感觉，可能也是因为如此。大胆加入了不和谐音的有力统一，确实体

06　Jean‐Gabriel de Tarde（1843—1904），法国社会学家，也是著名心理学家、统计学家和犯罪学家，提出了犯罪并非来自遗传，而更多是来自于传播、模仿的学说。1890 年刊行了《模仿的法则》。

图十 ※ 药师寺东塔

232

现出在我国佛塔的一般形式中难以看到的珍奇之美。如果像专家所说，这个裳檐是在养老年间移建之际重新加上去的，那么这个令我们惊叹的建筑师，应该就隐身在奈良京营造之际的工匠之中。根据此寺的《缘起》，附有裳檐的不仅是东塔，金堂的双重屋檐也曾经是如此。从东塔的印象来推测，大小伸缩的四层大金堂，应该也具有非常特殊的华美。后来据传只有上重阁被大风吹落，由此来看，其构造也肯定是相当大胆的。我不知道这种建筑是否只在药师寺才有，但可以确定的是，在奈良迁都时代的药师寺里，存在过某种特立独行的建筑师。加上当时此寺出现了狂热的传道者行基，如果这之间有着某种必然关系的话，此寺具有的特殊意义就非常大了。

我们站在金堂与东院堂之间的荒草原上，用望远镜眺望塔上的相轮[07]。相轮与塔的高度非常相衬，顶上的水烟，仿佛集聚了塔的整体和谐，既显得轻盈，又以千钧之重压在上面。水烟里镂空雕刻的天人也是美得无以言表。完全倒转的半裸女体，肉感丰腴，

07　相轮是五重塔屋根的金属部分的总称，塔刹的主要部分。

线条美丽柔和，薄衣缠在滚圆且细腻的腰腿上那种极尽柔艳的飘逸感——但是这一切都是挂立在即使用望远镜也只能略窥一二的高处，若想仔细观察，就必然会被放置在塔身第一层的石膏模型所吸引。即使观看模型，天人身体与水烟相互融合的微妙的装饰花纹，也是极美无比，让人慨叹自己的祖先技艺可以精湛到如此地步。

　　但是连模型我们也无暇慢悠悠地观看了。抵达东院堂北侧的高走廊旁边，脱鞋进到昏暗寂静的堂内，在沾满尘灰的地板上蹑手蹑脚地走，终于来到了那个巨大的佛龛面前。小和尚为我们静静地打开了门——那里站立着一尊观音，恐怕是世界上举世无双的伟大观音。

　　我无法用语言形容与这等作品接触的瞬间印象，它带来的甚至是一种肉体上的冲击。而且，我并非第一次看这尊佛像，但是无论看多少次，它都是新鲜的。

　　我们在沉默之余，不断相互发出赞叹之语，那似乎是意味深长的话，又像是空虚的呓语。最初的紧张缓和之后，我坐在寺僧读经的台上，继续凝神仰视。

图十一

※ 药师寺东院堂圣观音

美丽而庄严的脸部，矫健而雄大的肢体，佛教美术的伟大在此尽显无遗。让人感到深不可测的不可名状的古铜色，铜质的光滑肌肤柔软隆起的凛然的胸部，果敢雄浑的双手，衣裳包裹下的清净下肢，这些正是在人的形态里表现了超越人类的威严。而且作为人体写实，也完全无懈可击。我昨天曾为圣林寺观音的写实之精确而感到佩服，但是在此像面前，圣林寺观音又算什么呢。本来，此像的写实就不同于现代的、注重个性的写实，不是描绘某个人而是在描绘人类本身，不是某个艺术流派的写实倾向，而是艺术本质意义上的写实。不管看此像任何一个地方，都没有人体观察上的不足，一切都反映在艺术家透彻的眼睛里，然后被自由的手法表现了出来。不过，这个写实也像所有伟大的古典艺术一样，无非是为了表现更加深刻的事物而采取的手段。如果说现代杰作是通过描写一个个体而表现人类的话，这种古典杰作则是通过描写人类本身来表现神灵。因此从肩头到胸部的矫健线条，或者手臂与手掌的美丽圆形，所有这些最为拟人的形态之中，都蕴含着无限的神秘力量。

我得到小和尚的允许，进入佛龛观察了细部，在自己的身体与这个伟大铜像近在咫尺的时候，感到了一种奇特的喜悦。从那美丽而古老的铜之身体里，仿佛在发散一种生命气息。尤其是靠近那只安静下垂的右手，一边抚摸象牙般光滑的铜肌，一边从侧面抬头观看时，此像的新一面似乎又为我打开了。我认为仅仅是观看单纯的光线照耀下的正面姿态的话，还称不上真正看过此像。其侧脸之美丽，背部之强壮，同时观看背部与胸部时发现的整个胴体的完美——当手臂、腰部、下肢都被从侧面收入眼中时，它就显露了所有的美。尤其是从肩膀到上臂，从肩膀到胸部裸露的肌肉，实在令人叹为观止。（因为佛龛）无法从侧面和后面尽情观赏此杰作的全身，真的是遗憾至极。

夕阳微弱的红光，穿过佛堂正面的窗格，照进了佛龛里面。因为光线的反射，圣观音全身都弥漫着柔和的红晕。能唤起对西方净土之遐想的夕阳，在这个最合适的场所，对我们静静地诉说着什么。我们为这偶然的景象而惊异，继续屏息凝望圣观音，但是，光线终于逐渐稀薄、稀薄到消失……堂内迅速暗了起来。

佛龛的门扉终究关上了。在入口处回首一看，堂内是一片令人惆怅的寂静。

我们从药师寺后门出来，进入六条村，然后一直往东，沿着佐保川流域的泥田平原里的道路，颠簸而归。远处雾霭迷蒙之中的大和群山，唤起古都黄昏特有的寂寥之感。我收回视线近看辽阔的泥田，惊讶于这里就是曾经的都城中心。也许是佐保川河床升高，把旧日的干燥地区变成了湿地，但也可能是本来就有水田的奈良京，从一开始其大半就是这种湿地。如果这一推测具有相当的根据，那我们就不能忽视这可能就是奈良京比较短命的理由。史家大多从政治理由或传统的迁都思想来解释，但是湿地不利于健康应是最为根本的原因。天平中期极其猖獗的天花，应该猛烈袭击过这片湿地吧。接下来发生在光明皇后身上的大患，也很难说与此湿地没有间接的影响关系。那个时候发生的恭仁迁都之讨论，不太可能仅仅是一部分贵族为了驱逐藤原氏势力的策略。

　　不过，在泥田道路上占领了我的脑袋的，并不是这个问题。我一直在遐想谁是那个伟大圣观音的作者，并以此为乐。总之，他肯定是一名僧侣，在身体上随意披挂着一件类似于罗马托加袍但又有点中国风味的裟裟，站立在已经成型一半的观音模型前面。

清澈的大眼睛带着雅利安人种与蒙古人种的混血之美，在凝视观音的时候，就会变得宛如鹰隼一般锐利。鼻梁很高，但并不是纯粹的希腊风格；表情丰富的嘴，像绷紧了一样闭着；良久，他深深呼出一口气，静静地放下交叉于胸前的双手，卷起悬垂在手臂的衣袖；手臂健壮而白皙——

根据《古流记》的说法，这个观音像是孝德天皇的皇后间人皇女为了举办追悼丈夫的佛事而计划制作的。如果这一说法可信，则比药师三尊早将近三十年，但是比起最初的遣隋使要晚二十四五年。在那四五年之前，法隆寺四天王的作者山口直大口 [01]——恐怕是推古式的作者——就已经奉诏雕刻了千佛像，与止利 [02] 雕刻法隆寺释迦三尊的时候也仅仅相距二十多年，该式样应该已经大为普及。但是当时因为初唐

01　出自《日本书纪》，亦作山口大口费，生卒年不详，活跃于飞鸟到白凤时代的仏师，迁移日本的归化人之后裔。650年奉诏建立"千佛像"，名字留存在法隆寺金堂四天王像的广目天王光背上。

02　亦称司马鞍作首止利或鞍作止利，生卒年不详，飞鸟时代的代表性仏师，据说是从南梁过来的归化人司马达等的孙子，也有说法认为他是 4 世纪左右归化日本的司马一族的子孙。

文化物质大举涌入，而且也已经实现了大化改新，作为文化先驱的佛教界里，可能已经出现了截然不同的新趋向。在中国，玄奘三藏历经十八年，结束印度西域的漫长旅行，带着杰出的新文化返回了长安。那时候也正是我国的大化元年，不过国人接触到这种新文化，应该是八年之后开始大量派遣遣唐使的时候。这些遣唐使们，就在孝德天皇驾崩那年归来。如此综合考虑，那么在孝德天皇驾崩之后，突然出现这样的新式样，就变得容易理解了。圣观音的伟大天才，恐怕是与玄奘三藏有关系的人，或者可能是跟从玄奘从西域回来的人，又或者是跟随遣唐使入唐，被玄奘带回的新文化、新式样所迷倒的日本人。不管是谁，他应该是在孝德天皇驾崩那年，乘坐吉士长丹 [03] 的船只从唐土归来的。

如果说西域画家尉迟跋质那，在隋朝就已经来到了中国，那么以玄奘作为初唐式样的代表，似乎有点危险，但是即使在玄奘之前此种新样式就已经出

---

03 飞鸟时代的官吏，生卒年不详。653 年作为遣唐使赴唐，翌年带着众多文物与百济、新罗使节一同归国。

现，但要抵达较高的水准，或者在社会上变成主流风尚，足以吸引日本留学生的注意，还是必须归之于玄奘的力量。玄奘的工作之特征，在于把印度、波斯、西域等文化强劲灌注到了唐朝文化里。这是唐太宗征服西域各国、使得中国与西域或印度之间的交通变得便利之后最早结成的硕果。但是为什么必须要等到这个机运之后，新式样的美术方才繁荣起来呢？在那之前进入中国的，虽然也混杂了中印度的美术，但主要是犍陀罗美术。把中国人导向新颖的造型美术的，确实是希腊的艺术精神传统，但是在北魏式的美术里，我们感觉不到希腊风格。在已经明显汉化的作品之外，例如西域风格或印度风格的雕像之中，也并没有留下犍陀罗美术的痕迹。但是在玄奘引进笈多王朝美术式样之后，美术突然就开始焕发出了犍陀罗的气质。比笈多王朝美术明显更加富有宗教感、更加端庄，也比犍陀罗美术更加古典、更加精炼的初唐美术，开始成形。这是为什么呢？是否是因为经过五胡十六国的混血时代，那种浑厚融合的气象刚好在此时成熟起来了？或者是对于西域、印度美术的真正理解，到了此时才开始出现？恐怕这些都是部分理由，但其中尤其重要的恐怕是因为，笈多王朝的成熟艺术通过印度化的力量，反而变得更加容易传达希腊的艺术精神了。前期传来的犍陀罗美术，也与希腊技巧一起传达了艺术精神，但因为造型力量的微弱，并没有办法超越偶像礼拜、亦即让艺术与宗教合一的传统。统治中国与中国人的蒙古族，只不过因此而学到了制作偶像、崇拜偶像的习惯。但是，笈多王朝的艺术，尤其是以其"美丽"刺激了中国人。这与其说是来自宗教的影响，毋宁说是以宗教为手段而实现的。若要类比犍陀罗雕刻与中世纪的基督教美术，那么笈多王朝美术就应该与文艺复兴时期的美术相比。如此被外来美术之美唤醒的中国人，回顾历史时，也开始重新看待北魏的美术，用已经成熟的复杂意识来阐释北魏时代那些以天真无垢的惊奇塑造出来的人体之美。这种思维的转变，就已经说明了一切。

窃以为，笈多王朝艺术乃是希腊艺术精神被移植到印度时开出的最硕大的花朵。在此意义上，可以说文艺复兴在印度的出现要比欧洲早一千多年，只不过因为这种发展过于顺当，那里并没有"复兴"的契机。

亚历山大大帝时代植下的希腊之芽，在桑吉[04]、巴赫特[05]开花结果了。被侵入北印度的希腊人长时间以希腊方式保存，然后在罗马的影响之下作为犍陀罗美术发育起来的另一个绿芽，与桑吉、巴赫特的艺术相互结合，终于在笈多王朝开始绽放。这一艺术，就像文艺复兴时期的艺术其实是意大利艺术一样，显然属于印度艺术。其样式也好，美感也好，都是印度独特的东西，而非希腊式的。但是，其精神气质里却深刻蕴藏着希腊的因子。然后，通过这种希腊因子，笈多王朝艺术给中国带来了某种激荡。因此，初唐的中国人，对于笈多王朝艺术的一个侧面、亦即印度风格的颓废气质颇为冷淡，而只是吸取了希腊式的宏伟与美艳。其中加上汉人特有的简素特质，便催生了兼具清爽与雄劲的古典艺术，也就是初唐的样式。

我们必须指出西域人的合作也与其有关。玄奘

04　Sanchi，位于印度中央邦首府博帕尔附近的桑奇村，保存有完整的佛教建筑群，在 12 世纪前一直是印度佛教的教理中心，目前是现存的最古老的佛教圣地。

05　Bharhut，亦译为毗卢，位于中印度阿拉哈巴（Allahabad）西南二百公里处的佛教遗迹。——原注

的时代正好是西域的最盛期，印度、波斯、希腊等文化相互融合，呈现出一种特别的趣味。该文化不如印度发达，因此也没有像在印度那样被修改。从斯坦因挖掘品的相片来看，即使是同样的女性裸体画，也没有印度那种淫靡之感，佛像雕刻的清纯度也是远超其上。恐怕这是因为西域的佛教气氛较浓，尚未浸染到憧憬湿婆或因陀罗之快乐的印度教。据玄奘的《西域记》记载，在当时的印度，外道要比佛教盛行，而在西域诸国，几乎没有外道流传，其佛教也没有像后来的密教一样大幅度引入印度教。所以，如果以佛教为中心来说，西域远比印度要清新得多。这样的西域，连接着印度与大唐。若考虑玄奘带回的外国人，从印度带回很多人是比较困难的，而从西域带的话则较为容易。玄奘结束十七年的旅程，回到喜马拉雅山北部的于阗[06]，停驻讲经，并向唐太宗乞求赦免犯禁外游之罪。太宗被其上奏文书打动，派来了赦免御使以及迎接他的车马随从。当然，玄奘的游历不是个人可以

06　古代西域王国，汉、魏、晋均称于阗，唐代安西四镇之一，因位居丝路贸易的重要据点而繁荣一时，盛时领地包括今和田、皮山、墨玉、洛浦、策勒、于田、民丰等县市。

完成的，带着大量经书横渡沙漠、跨越高山时，至少需要人马，若无所到之处的王侯或佛徒的援助，则难以持续。而到了最后，他得到了东洋第一强国的帝王支持，从西域凯旋。所以，从于阗到中国的旅途之间，他应该可以携带任何想要的人与物，那么众多于阗美术家与其一同东渐，也是极有可能的。

——我遐想的圣观音佛像作者，就是这样的西域人（刚好《孝德纪》的结尾处说到吐火罗男二人、女二人、舍卫女一人漂流而至，更加刺激了我的想象）。他在犍陀罗美术之中成长，从笈多王朝艺术里接受了滋养，然后在近十年的中国生活里爱上了汉人美术的质朴与遒劲，他的身体已经吸收了东洋的一切优点。作为能让这些优点结晶起来的地方，大和王朝的安宁山河再也不过了。那里再也没有令其不停彷徨的刺激，也没有让他迷惑颓废的诱惑。他开始潜心工作。我们不知道他究竟完成了多少作品，只知道我们的面前留下了这尊圣观音佛像。

当然，如果追悼孝德天皇的佛事之说难以相信的话，上述遐想也必须重新考虑。但是，大家对此像比药师三尊更早的结论应无异议。这样的话，不管时代再晚，也不会晚过三十年以上，在时代背景方面应无太大差异。

关于药师寺，我曾在给木下杢太郎[07]的信中这样写过：

"雕刻方面，已经看不到梦殿的秘佛，实在无可奈何，但是药师寺东院堂的圣观音，却连名字都没有被提到，又是为何呢？当然，那天我没有从金堂的药师如来那里获得什么艺术印象，在那种心情下，可能也就不太会被圣观音所撼动。但是，兄台要对此负责。那天你的心情莫名地变得抒情、柔软起来，就像你眼中的唐招提寺景致在色调上是matt[08]一样，你的心灵状况也好像比较matt。一个人淋着雨，无精打采地走过浮着莼菜菱角的古池旁边时，就像霏霏细雨落在废都上面一样，你的心里也下起了小雨吧。在这种寂寥抒情的心境之下，圣观音那种古典力量，也就实在与我们无缘了。所以那样晃过奈良是不行的。就为

07　1885—1945，日本皮肤科医生，诗人，剧作家，翻译家，美术史、日本基督教史研究者。——原注

08　黯淡无光的。

了这个圣观音与药师如来，我也非常希望你能够重游一次。

　　"圣观音还有地方没有充分地活用能够成为流体的铜之性质，例如下本身的衣裳手法便是如此。在这点上，我觉得药师如来反而是抵达了能抵达的极限。但是在圣观音身上，有着一股试图上升的力量所带来的极度紧张。写实方面精确无比的身体，横溢着超人类的力量与威严。请看从其胸部到腹部的大海一般的强健，看那美丽左手的力量之神秘，看那东洋特有的美丽脸庞吧。据我所知，在犍陀罗美术当中，没有一个作品及得上此像的力度。即使看西域或中国的挖掘品，虽有比它巧妙或比它漂亮的，但是作为宗教艺术能给人如此威严与伟大印象的，在我至今为止的视野里，一件也没有。与西洋相比，中世纪的雕刻更是无法与之相提并论。而文艺复兴时期的宗教雕刻或希腊的神像雕刻，严密而言并没有这么浓厚的宗教意味，不便相互比较，但如果考虑条件比较相似的希腊神像时，我们与其去比较两者的艺术价值，不如说会惊讶于竟然存在这样两种性质迥异的艺术。换言之，一种艺术是把人的形态直接变为神，另一种艺术是让神在人的形态里表现出来。在前者那里，艺术家兼有宗教家身份，在后者那里，宗教家则兼有艺术家身份。前者在人体之美的细节里观察神秘，后者则试图把在宇宙人生之中体会到的神秘，具体化为人体。一种是从写实出发，抵达理想；另一种是从理想出发，利用写实。当这两种相异的立场都得到认可的时候，我们的圣观音——尽管下半身的刻画手法略有生硬——便会马上要求世界水平上的深刻意义和崇高地位。

"让神变成人的形态的倾向，在文化上，也可以说是让'印度'以'希腊'的形态表现出来。圣观音就是在这种倾向比较接近顶峰时的产物，或者也可能它本身就是顶峰。因此，它不是与希腊对峙的东西，而是在印度父亲与希腊母亲之间诞生的新孩子。基督教艺术则是同母异父的兄弟。这一想法让我感到异常地兴奋。

"对于药师如来，兄台表现冷淡让我颇感意外。我本以为，至少那种柔和的、溶化般的肌肤感觉，或者至少其右手指的那种柔滑之光就可以充分引起兄台的关注了。总之，非常期待着兄台的再次巡礼。"

"法隆寺壁画、药师寺三尊以及圣观音之间，或许有着密切关系的说法，我认为是非常值得倾听的。推测它们的作者可能是同一个人，应该也不算太鲁莽。在此，我认为可以找到关于东洋文化顶峰之秘密的关键。"

在结束这漫长一日的晚餐上，多了在唐招提寺遇到的Ｓ氏。名副其实地摆弄古佛像、每天在刺鼻的油漆气味中度过的Ｓ氏，给人一种活在古代的感觉。不过一问，原来他是每天都从奈良市区骑自行车过来的。听到这个之后，才感觉他仿佛从梦中之人突然变成了现实中人。

Ｓ氏以朽坏佛像为媒介，长年与以前的佛像工匠交往，因此跟我们说了许多奇闻异事。尤其有趣的是，天平佛匠在台座内侧留下的涂鸦作品，还给我们看了复刻件，上面涂鸦般粗糙地画着人物、动物、风景等，其中类似于树下美人图风格的胖女人画得不错。把佛像安装到堂内时，参与工程的一个男工匠就在台座上画着这样的美人画——这幅情景历历浮现上来时，我仿佛真切看到了彼时佛匠的生活状态。

（十八）

博物馆特别展览——
法华寺弥陀三尊——
中尊与左右胁侍的差异——
光明皇后念持佛*说

第二天也是从博物馆开始的。

博物馆玄关旁边有一个狭窄的接待室，一张铺着绿布的长方形桌子与几个陈旧的椅子就占满了室内，而墙壁上挂着让我们鉴赏的古画。

九点左右，我与 T 君两个人抵达博物馆入口时，只见 Y 氏一脸焦急地站在那里。他埋怨道，说好八点半在此见面，怎么迟到这么久？然后发现 Z 君夫妻没有一起过来，便担心地询问怎么回事。我们回答，可能因为昨天太累而不来了。Y 氏一听，马上慌张起来：这太难办了，博物馆极有善意，不管是哪一个都特别让我们随便观赏，如果不来的话太对不起人家了，赶紧打电话！我们之前都觉得没什么，一看 Y 氏的慌乱，才终于明白这个特别展览是出于多么细腻周到的感情办成的。于是就窘迫地呆立在那里，直到 Z 君他们驱车赶来。大家放下心来，装作什么都没发生的样子进入了博物馆。

负责接待的馆员热情寒暄之后，问我们想看什么。我们说："先看法华寺三尊吧。""是呀，无论如何得看这个！"馆长受命，便先恭敬退出取画。"然后，还要看什么呢？""西大寺的十二天画像。""是的，如

255

果只看一幅的话必选水天吧。""还有药师寺的吉祥天画像。""对呀，那个也是代表性作品。""还有信贵山缘起。""好的。就这些吗？如果还需要其他的，都可以拿出来给各位看的。"

馆方的好意虽然值得感谢，但却令人有点难受。前年跟随大学的修学旅行过来时，受到各种特别厚待时，我便对古美术没有向一般国民开放的现状感到不满了，今天因为比起那个时侯更受优待，让我愈发觉得有私占人类瑰宝之感。卓越艺术品的处置，首先应该考虑追求者的自由鉴赏。只有那样，该艺术的人类性质才能毫无障碍地显现出来，因此，应该经常展出这类画作。至于保存上的问题，有必要更加认真专注地加以研究。国家完全可以为此投入经费。如果在维持合适湿度、防止氧化方面找不到万无一失的好方法，便不能要求一直挂展国宝画作了。目前来看，卷藏起来是最好的保存方法，但这却与绘画应该被人们观看的性质有了正面冲突。因此，只好在每年公开展览一两次之外，明知每次打开、卷起都会带来损伤，也要给有必要特别鉴赏的人看。这种做法真的必须早日得到纠正。

馆长抱着长短不同、看起来似乎有点重的三幅画作出现了。由于重心没有掌握好，短幅都快滑落了，也可能因为这个，放到地上的时候发出了沉重而粗暴的响声。然后解开细绳要挂到墙壁上时，因为画作比较大，不太容易悬挂，他们的动作在无意识之间就变得比较粗鲁起来，看得我坐立不安，甚至有点生气。这明显就不是对待容易损坏的名画的方式嘛，实在太缺乏对它们的爱惜了。

就这样，我们首先开始面对法华寺的弥陀三尊了。

中尊阿弥陀是一座充满画面的坐像。在带着微妙色调的暗色背景上，浮现出隐约残留着黄色的肌肤、余韵弥漫的暗红色衣裳。下部有红莲台，稳稳承托着佛的身体，而暗绿色的头发则从上面轻灵地按压着整体。明亮的佛眼有着略带黑色的朱瞳，它仿佛成为了整个画面的中心，在暗绿色的头发下面闪耀着温和的光芒。因为红色的浓淡而显现出皱襞来的衣裳，轻轻裹住佛的胸口。在胸口下面，两只手掌半开朝前的说法印，巧妙地把朝下敞开的体态紧紧地收缩了回

图十二 ※ 法华寺弥陀

来。环绕着佛体纷扬散落的莲花瓣，无音无动，静静地停在大气之中。能拥抱一切的"寂静"，在此完全被具象化了。

搭配单纯但带着微妙韵味的色彩，构图简单但暗示着无限内容的形态——似乎有某种永恒之物在此熠熠生辉。总而言之，这是一个清净的世界。佛教精神里特有的对彼岸生活（亦即具象化了观念、润色了永生信仰的那个永恒世界）的憧憬，创造了这个净土。如果对"阿弥陀净土"的虔诚祈祷还活在我们心中，那么此画的色彩与形态所带来的印象，肯定会更加强烈吧。伟大艺术会攫住任何国家任何人的心灵，但是，人们却不会因为名画没有给儿童带来强烈感动而觉得奇怪。与此类似，像儿童一般对佛徒的心灵毫不了解的人，在这幅无法脱离佛徒心灵来欣赏的画作面前无法获得充分的感动，也没什么不可思议的。我隐隐约约地觉得，在对此画的亲近感之中，应该还有获取更高感动的余地。

我第一次看到此画时，它是与拿幡童子画一起挂在玻璃柜里的。那天早上到了奈良车站后迅速造访博物馆，在里面观赏从推古时代到镰仓时代的各种雕刻，直到快要闭馆时才匆忙走到绘画陈列处，迎面就撞上了这幅画。那是一个没有窗户的房间，略微昏暗，但是持幡童子画的美让我目不转睛。铅粉有点脱落的脸部，显得白皙可爱；穿在优雅肢体上的衣裳，那些白绿或青绿色的古雅味道；浮现在暗绿色背景上的莲花瓣，在空气中飘荡的宁静感；红幡在风中飞起的微妙动感……让我驻足良久，一动不动。但闭馆时间逼近，我瞥了一眼中尊的阿弥陀像，便匆匆离去。留在我心中的阿弥陀像，只有身体过度扁平、眼睛突出但脸部异样的简单印象。当然，我当时并不知道该画是中尊，而童子画是从属于它的。

当天晚上，朋友告诉我说，那是一幅非常著名的佛画杰作，我才感叹自己的眼拙。于是大后天又去博物馆的时候，重新观赏了这幅著名的法华寺弥陀三尊的中尊像。平静下来仔细看，果然是一幅好画。脸部显得有点奇怪，是因为刚好鼻子左右都有黑色的画面损伤，仔细看的话，鼻子线条犹在别处。左右手以相当巧妙的线条描绘在胸部。衣服的红色给人一种说不出来的舒服感，画出皱襞的写实方式也显示了漂亮的效果。散花的配置也是匠心独运。整个画面有着惊人的简素，以及高度的和谐。我在此画前面站着，陷入了安静的陶醉之中。

我很难忘掉那个时侯的经验。现在鉴赏此画时，可以不受其剥落破损之处的妨碍了，但是并不意味着那些剥落损坏之处不会进入眼帘，只不过是在观看的过程之中，把它们当做不属于艺术性统一的范围而舍弃了，与此同时，我们努力追踪属于艺术性统一范畴的东西，试图将其挖掘出来。轮廓的线条虽是充满生命气息的铁线描法[01]，但是却淹没在画面的古色之中，看得不太清楚，但我们努力抵抗着古色，把注意力集中在线条上。佛像身体雄大，描绘精确，但因为褪色较多，往往给人稀薄、空虚的感觉，我们便试图从衣裳裹卷的身体里推测，弥补其中应有的浓厚色彩。这意味着艺术性的统一范畴本身具有自己的复原能力——当然，这不是指画面的损坏被修复了。如果不把注意力集中到此画本来就具有的统一性上，并逼近其复原能力的话，损毁之处反而会更加显眼。因此观

01　中国古代人物衣服褶纹画法之一。线条外形状如铁丝，故名。是一种没有粗细变化，道劲有力的圆笔线条，由铁线描钩勒成形的衣纹线条常常稠叠下坠。

赏此画的人，很可能会因为画面的毁损而没法充分投入进去。

据说法华寺藏的阿弥陀三尊是藤原时代初期的作品，但是第一，中尊与左右二尊的时代显然相异；第二，寺传记载此乃光明皇后的念持佛，这到底蕴含着什么意思呢？

我从前就觉得中尊与左右二像的时代不同，这次把这三幅作品挂在同一个房间里鉴赏，更是一目了然了。第一，线条感觉非常不一样。例如描绘云朵的线条便是如此。中尊所乘之云，是用丰润的铁线描来生动表现那种柔软蓬松之感，但童子或观音、势至菩萨等乘坐的云朵，则是线条僵硬，有点落入窠臼了。虽然还不至于像二十五菩萨来迎图的云朵那般严重，但似乎也在朝着那个方向下滑。至于衣裳线条，中尊是含蓄细腻的，忠实于所绘之物的性质，而左右两胁线条的笔端游戏之感则相当强烈。第二，颜色感觉不同。中尊那种朴素的和谐，在左右二尊里是找不到的。对色彩的喜好之差异也比较大，从中甚至可以感知作者精神的差异。第三，构图不一样。左右二尊是运动的，中央的则是静止的，而且让静止的佛陀乘云驾雾飞动起来的考虑也荡然无存。这种缺乏统一的构图，不太可能诞生于可以画出中尊的那种画家的心灵。

对于这三尊佛画像，也许有人并不会产生以上想法，但是与我同感的人也不少。T君对线条的感受就与我差不多，博物馆馆员的T氏对构图的不统一也持相同意见。某个画家还肯定地说，左右两边的作品是净土宗开始流行以后才添加上去的，让本为一尊佛的弥陀变成了来迎弥陀。你看，那个印相不是来迎的印相。——确实如此，不是来迎的印相。不过，山越的弥陀也和这个弥陀一样，不取来迎之印，而是说法之印，因此从印相里我们找不到确证，但是此画家的断言应该是正确的。

那么，中尊的时代问题就来了。从持幡童子即可看出，左右二幅确实是藤原时代初期添加的作品。然而，中尊果真是那个时代的作品吗？或者是稍微靠前一点的贞观时代之作？我们完全不能利用它乃光明皇后念持佛的传说来进行推测吗？如果它是天平时代的画作，那应该与法隆寺壁画的弥陀三尊具有某些相通之处，可是此画与法隆寺壁画的差距实在太大了。倘若看过壁画弥陀再来看此画，会发现身体的描绘方法几乎不能相提并论。即使仅就持说法印的手掌来看，与壁画之手的强健有力相比，带着蹼膜的此画之手显得纤弱而暧昧。距离法隆寺壁画不远的天平时代的念持佛、而且是光明皇后的念持佛，不可能是这个样子。当然，天平时代也有并非壁画式的绘画作品，但是在出现了无数雕刻杰作的时代，绘画必然也富有雕刻感才是。再从时代的推移来看，就像药师寺的圣观音到了天平时代变成圣林寺十一面观音那样，在绘画领域，法隆寺的壁画也应拥有可与圣林寺观音比肩的后继者，但是，此弥陀画像却难以担当这一角色。不过，它也不至于像《二十五菩萨来迎图》那样生硬，相比之下，此弥陀画像的气概更大，也显示出一种新鲜的生命气息。从以上诸点来判断，此弥陀画像应是在平安朝那种柔婉趣味开始抬头的时代的最早期作品。这么推断的话，恐怕是诞生于百济河成 [02]、巨势

02   782—853 年，平安时代初期的贵族画家。百济移民的后裔，作品没有留存，但是在日本正史里留名的首位画家。

金冈 [03] 的时代，或者与其相距不远的略早期了。

    此画像与广隆寺讲堂的阿弥陀佛像之间，存在颇多相似之处。两者姿势完全一样，连光背都差不多。面相方面，除了神色感觉不太一样之外，从脸颊的丰腴到幽然往下弯曲的细长眼睛，也几乎没有相异之处。当然，在细节上，同样印相的佛手无名指的弯曲方式、衣纹线条的流动方式，尤其是膝盖的大小和衣服的缠绕方式都不太一样，但是从整体而言，可以说画像仿佛是雕像的写生那般相似。由此，我们可认为此画像与那个弥陀雕像产生于同一时代。因为弥陀雕像是在仁明王妃的祈愿下制作的，故应该是入唐僧侣大量回国时代的作品。与其说它接受了密教美术的影响，毋宁说更多显示了天平干漆佛的遗风，并且在形象上成为了后世盛行的弥陀佛像的模范。画像恐怕也是如此，它继承了天平时代的余风流韵，而且还试图指引新的艺术趣味。

03　生卒年不详，平安时代初期的宫廷画家，巨势派绘画的开山鼻祖，佛画作品较多。

之前关于法华寺十一面观音所说的话，似乎也可以套用在此弥陀画像上。它应该与天平时代具有某些关系。法华寺里有过阿弥陀院，而天平时代的阿弥陀崇拜的中心正是法华寺与光明皇后。但不幸的是，天平时代的弥陀坐像湮灭了。如果说广隆寺讲堂的弥陀像传承了天平弥陀坐像的面貌，而且这种弥陀像也在法华寺存在过的话，那么类似于此画像的弥陀画像也是应该同时存在过的。当时大量绘制的是弥陀净土画像，但从鉴真携来物品目录里记载的"阿弥陀如来像一铺"也可知道，当时存在过弥陀佛的单像。因此在光明皇后的晚年，很可能有过与此像相似但更加富有雕刻感的、更加卓越的弥陀画像。那么，作为当时的崇仰弥陀净土的代表，光明皇后在临终之际，让人把以上那种画像挂在床边，也是可能发生的事情。此画反映了藤原时代的弥陀崇拜，同时也可能传达了光明皇后念持佛的某些面貌。

不过，这一切都与此画的艺术价值没有关系，反而是此画的艺术价值刺激了我们对古代的热爱与遐想。通过此画，我们得以遥望那个存在过许多比此画更伟大的画作的时代。

那个时代，对阿弥陀净土的强烈愿望使得来迎佛画非常盛行，而同时在西方，关于天上乐园或天使来迎的想象也相当流行。比较这两种想象是一个饶有兴味的问题。坦率而言，西方的想象在我们的内心里具有更强烈的生命力。但丁所描绘的幻象轻而易举地就把我们的心灵引向了彼岸生活，但是我们的祖先所描绘的弥陀净土，仅仅是唤起了我们的好奇心而已。少年时代的我，被罗塞蒂[04]所画的《Blessed Damozel》[05]震撼得悲喜交加，或者连做梦都梦到了地上乐园的凯旋行列、与贝阿朵莉丝[06]邂逅的场面。但是，那个时候的我却没有从讲述弥陀净土的阿弥陀经、端坐莲台的佛陀菩萨那里获得过感动。今天，少年的心灵依然活在我的体内，而这种差别，我想应该可以从这两种想象的不同性质来加以说明，从中也能够看出东西文化的异同。

<hr>

04 Dante Gabriel Rossetti 但丁·加布里埃尔·罗塞蒂，1828—1882 年，19 世纪英国拉斐尔前派重要代表画家。

05 《被祝福的达莫泽尔》，作于 1850 年，描绘天上恋人的忧郁。

06 Beatrice，《神曲》的重要出场人物，上帝派来的使者。原型是但丁曾经热爱的女性。

信贵山缘起

天平的吉祥天女——

印度的吉祥天女——

药师寺吉祥天女——

西大寺的十二天※——

※ 十二天意指方位之神。平安时代以后传入日本的密教在东、西、南、北四方之外，加上四维，上下及日月而产生了十二尊守护神这样的组合。若将尊像名与方位列举来看的话，各是风天（西北方）、罗刹天（西南方）、阎魔天（南方）、火天（东南方）、帝释天（东方）、伊舍那天（东北方）、毗沙门天（北方）、梵天（上方）、地天（下方）、月天及日天。

我第一次看西大寺十二天之中的水天画像时，印象颇好，因此今天也非常期待，不料当它终于挂到墙上时，剥落、修补之处过于碍眼，令人没法进入那种被其静静吸引的心境。可能也是因为第一次观看时，与其进行比较的是两界曼陀罗与醍醐五大尊，而今天相比较的却是弥陀三尊。但它本来是一幅好画，现在看来其身体的雕刻感也是弥陀三尊不能相比的。有一些部分令人觉得极其漂亮，例如看起来在自然微笑的脸庞，圆浑柔软的手腕，尤其是下方角落里刻画的小人物等。画风属于西域式，或曰法隆寺壁画式，较多使用阴影技法。此画无疑是平安时代初期的作品，但如果说当时的佛画多采用这种式样，然后逐渐变化为凤凰堂壁画那样的话，那么其中就包含着一个难以忽视的大问题。此画的线条专注于形象的客观描绘，排斥笔端游戏。至于色彩，也在面的描写方面给予了细腻的关注。如果这种关注变得越发敏锐，让面的微妙凸凹与色彩的微妙浓淡联系起来的话，恐怕后来的日本画就会走上不同的道路。然而，日本人后来实践的是关于线条的感觉分化，而非面的研究。线条所体现的心思发达到了洞幽烛微的地步，而在此过程中人们却忽视了对面的描绘，因此从整体上对人体的观照就被驱逐到了视野之外。这是藤原时代的绘画之长处，也是短处，同时这既是日本画的优点，也是缺点。平安朝初期的名画家百济河成、巨势金冈以写实倾向而闻名，恐怕他们的写实也是以线条造就的吧。如果这样的推测成立，那么以河成、金冈作为平安朝前半期的日本画之大成者的看法，其实也同时意味着可以把他们视为局限日本画之命运的人。

　　水天挂在墙上，桌子上则放着裱框的药师寺吉祥天女像。虽然只是长一尺五分宽一尺七寸五分的小画，但是作为天平遗品之中唯一的一幅独立画作，绝对不能错过。比绢布更加粗犷的麻布上，以深色画具画着一个脸颊丰满、稍微侧身的美人。作者以细微致密的线条以及表现阴影的巧妙褶皱描画了她身上的绚烂衣裳，那种轻薄、柔软都表现得恰到好处。特别是香肩周边的薄衣，把纱布质地以及包裹在其中的女性身体的肉感都刻画了出来。仿佛束发一般隆起的发髻下面的浑圆脸庞，与其说体现了精神之美，毋宁

图十三

※

药师寺吉祥天女

说体现了肉体之美。脸颊的丰满、嘴巴的小巧、唇部的厚度、相互接近的眉毛的浓度、妩媚的眼睛——夸张点说，有点过于性感了。纤细的手臂与仅露出一半的耳朵，都焕发着性的魅力。总而言之，这是地上的女人，而非女神。维纳斯身上那种美的威严，会让人产生对完美之物的崇敬之念，但是此像里并没有这样的威严。当然，如果单纯当做美人画来欣赏的话，的确是不可挑剔的作品。

之前，我说过为看不到天平女性的肖像画而深感遗憾，不过，此画尽管不是肖像画，但也足以供我们想象当时的风俗人情了。药师寺的画家说不定是一边想着当时的贵妇人一边创作的。然而这里描绘的，是在《灵异记》里出现的那种尽管朴素却又病态、夸张的女性之美，所以不能说此画表现了天平女性的全貌。《万叶集》恋歌里表现的天平女性，有着更加聪颖的一面，而我们通过此画能知道的，却只是天平贵妇人盘着头发、衣着华丽、打扮熟练的表面姿态。

如果说此画代表了天平末期的颓废气质，那么在纤细与耽美上，它并不输给藤原时代的最盛期，而且在强健、自由、清朗方面还远胜藤原时代的作品。比较藤原时代绘卷里出现的女性服装与这个吉祥天的服装，便可以发现两者之间不仅是趣味上的差异，还有整体气质的不同。这种差异，可以说同样体现在和歌、造型美术、政治、宗教等方面。在此意义上，观赏此画，不管多久都会意犹未尽。

据说此画的色彩是水彩，但我发现有些地方不可能仅仅是用水溶解的。向馆员丁氏咨询时，他也有相同看法。他指着衣裳的阴影部分跟我说："虽然没有跟别人提起，但总觉得那是油画。如果不是油彩，不会画到这种程度。"在麻布上用油彩绘画，这似乎没有流传给后世。仅仅想及此处，便觉得天平绘画的湮灭实在令人痛惜。

此画主题的处理方法也是一个问题。吉祥天是婆罗门教的美貌幸福女神拉婉诗米，是毗沙门天（多闻天）亦即财神俱毗罗的妻子，她被佛教引入，已经出现在金光明经里，因此在日本也是自古以来就被崇拜的对象。尤其在天平时代，为了祈祷全体国民的福祉，金光明经被广泛利用，对吉祥天的崇拜也比较普遍。天平末期，政府给国分寺颁发吉祥天女画像之类的事情便是其中一端。画像的流行，应该是由于该经中有"应画我像，种种璎珞周匝庄严"的要求。那么，这样的吉祥天女——在佛前演讲，保证满足金光明经的受持者对饮食、衣服、卧具、医药以及其余一切物质要求的吉祥天女，或者主要是为了祈求五谷丰登而被祭祀的吉祥天女，为何会以这种女人的姿态出现呢？即使认为这个风俗属于唐风，那显而易见它也不符合印度传来的规矩。如果说东方画家读了金光明经，然后想象出那样的女性形象的话，那么"能令无量百千众生受诸快乐"的幸福女神，对于这个画家而言，首先是一位丰丽的女人，而非天神。如果忽视这样的思想，我们就难以理解为何那样的美人画会是吉祥天像。印度的"女神"，在这里仅仅以"美人"的姿态出现，这真是一个巨大的"偏差"。

当密教的仪规得势之后，吉祥天女就不再是这种纯然的美人像了，而是身体直立、持定规印、头部或胸部带着从印度传来的复杂装饰。这种神秘仪规的氛围，使得她看起来不太像人类，但是充满肉感、穿着唐风衣裳这点并无二致，所以很难给人印度女神的印象。此类吉祥天女像，当属净琉璃寺的最为出众，但也不是作为神像，而是作为美人像出众。也许因为密教乃印度教与佛教的混血儿，因此这个女神也采用了印度风格的半裸形象，但她身披唐式衣裳的模样，显示这一传统早在密教隆盛之前就已经确立了。与此相比，水天之类是随着密教的普及而开始流行的，因此较多保存了印度教的痕迹。水天是婆罗门教的水神伐楼拿，在密教的诸佛诸天大聚会上担任西方守护神，但他却没有变成类似于天平时代守护神那种纯粹的守护佛，而是依然保留着本来的水神地位。

——作为以上那种特殊传统之源流的药师寺吉祥天女，可以代表天平时代的吉祥天女吗？尽管无法通过遗物来证明，但恐怕天平的吉祥天女与此画像是相似的。从中看不出当时流传的"一身白色，如十五岁少女，种种天衣，微妙庄严"的仪规。从天女左手拿着红珠这点来看，可知其依据的也不仅是金光明经。能够画出那般自由的人像，应该意味着尚无烦琐教规的束缚吧。如果其他地方尚有超人类风格的吉祥天女像，而且属于主流的话，那么不管当时画家的意志多么自由，也不可能忽然就可以把她变形画成风俗美人的[01]。

《灵异记》所记述的圣武时代的轶事，在这些方面也多少提供了一些暗示。其中一则与安放于和泉国血渟山寺里的吉祥天女塑像有关：一位来自信浓的求道者，住在山寺内，不久就恋上了天女像，每隔六个小时，便合十祈求能给他一个跟天女一般美貌的妻子。某夜，他梦见自己与天女像结婚洞房，翌日早晨到塑像前一看，发现那并非是做梦……男子大感惭愧，遂向天女像道歉：我只是祈求与你相像的女子而已。在《灵异记》里，应该只有吉祥天女像会产生此类故事。由此我们可以知道，当时的天女像容易给人一种什么样的印象。人们对美术品怀着此类肉感，在美术品被视为信仰对象而且具有人格力量的时代，不可能仅是因为其审美意识不够纯洁。所以，敢于制作这种容易

<hr>

01　后来我在三月堂内紧闭的佛龛里看到了塑形非常出色的吉祥天女像。破损比较严重，但头部、胴体、下肢还非常牢固。这是一尊不亚于同一堂内的梵天（寺传记为日天）的大作，把女性的形态提升到了女神的高度。不过，强调其作为"天女"之"女性"的感觉还是非常明显。药师寺画像那样的美人画应该是从这里描摹出来的。——原注

诱发危险的画像，必有某种灰暗的时代背景。

当然，以上传说不太值得我们信赖，也说不定僧侣之间会通过对金光明经的阅读印象来创作这些即兴故事。据金光明经关于吉祥天女在佛前演说的记述，她立誓会现身于祈求者的梦里："净治一室，或在空闲阿兰若处，瞿摩为坛，烧栴檀香，而为供养。置一胜座，幡盖庄严，以诸名花，布列坛内，应当至心诵持前咒㤭望我至。我于尔时，即便护念观察是人，来入其室，就座而坐，受其供养。从是以后，当令彼人于睡梦中，得见于我。"——或许正是此类誓言让信徒实际上梦见了天女。如果再考虑到梦游症，那么即使发生传说中的那种事情，也并不奇怪。

另外，我们也必须辨认此画与正仓院《树下美人图》的异同。虽不清楚那个屏风是否是来自于海外，但总而言之，我们可以通过它来考察当时的美人标准。显而易见，吉祥天女就是符合这一标准的美人。不过，树下美人至少还显示了某种精神性的阴影，与万叶的激情恋歌相匹配的气宇在其眉宇之间飘逸，而吉祥天女的脸庞在这一点上却显得比较肉感。当然，吉祥天女的特殊意义也就在这一点上。

《信贵山缘起》是平安朝绘卷之中屈指可数的名画，也是线条绘画传统的一个高峰。能够以简单的线条描绘出如此精确的人物与动作，真的令人叹为观止。写实风格浓郁，尤其是对重点的捕捉非常巧妙。例如描绘大佛殿时，仅以正面柱子和门扉，就淋漓尽致地表现出了那种庞大与华丽。当然我们也必须看到，在宽度较窄的横轴上描绘大佛殿这一客观条件，也让画家受限而不得不采用省略手法。尽管如此，以朝拜大佛的信徒情感为中心来考虑的话，仅仅聚焦于这些重要地方，把人物的情感与殿堂的华美统一起来表现，实非易事。

这种技巧的精妙是日本人的一个显著特质。在绘画领域，从平安朝的绘卷到之后的宋画、文人画、浮世绘、琳派装饰画等，这一特质都得到了充分的活用。在文艺领域，其代表例子不仅是和歌与俳句，在小说、戏曲里也留下了不少证据。进一步而言，落语[02]、道

02　发源于江户时代、延续至今的传统曲艺形式，与中国的传统单口相声类似。

话[03]之类其实也体现了这一特质。现代日本艺术倾向于重视技巧，也应该是出于这一特质的传统。但是，我们不能忘记日本人过于注重技巧而疏忽了内容拓展的缺点，这实际上正在妨碍真正意义上的技巧之发展。因为如果这样的话，随着内容开拓而必然要求的技巧的强力提升，是不可能实现的。日本文艺史的片面观点就存在于此。

03　江户时代心学者的训话，多以身边事例来通俗讲解道德伦理，融合神道、儒教、佛教，提倡简易的道德实践。

当麻山——

药师寺吉祥天女——

印度的吉祥天女——

天平的吉祥天女——

信贵山缘起

我们在丫氏的督促下急急忙忙奔到了车站，但是火车却迟迟不来。丫氏为了赶上预订的时间，非常迅速地卷起了《信贵山缘起》，卷得有点太快了。

在王子换乘去往和歌山方向的小火车时，整个天空都是灰蒙蒙的，我的心情也有点开朗不起来。也许是因为这个，从火车上看到草木繁茂、挺拔险峻的当麻山时，反而觉得它们非常阴郁，甚至有点吓人。这种感觉，一直延续到在高田[01]下车、穿过平坦的田野中间去往当麻寺的整个过程。只有朴素幼稚的心灵，才会认为山也具有人格，而这些山峰的表情之丰富，甚至会令人产生听了童话故事般的心境。与其周围那些富有大和之明朗气质的柔和山头相比，这些黑乎乎的险峻山岳，似乎带着某种特别的气息，隐藏着某些不为人知的秘密。当麻寺与

01　现在在大阪铁路当麻站下车最方便。从车站出发须经过六七町。本文写的当麻山指的是二上山。寺庙位于二上山东南的麻吕古山的东麓。——原注

役之行者[02]发生联系，还孕育了中将姬奇迹的传说，恐怕正是这种印象的结果。

小麦泛黄的田野当中有一条直路，其尽头便是当麻寺了。那里的景致仿佛田园牧歌，可以把人吸回到千年之前的情趣里。站立在茂密的树林之间眺望天平之塔，让心灵尽情放松，不知不觉地就被一种浓厚雾霭般的传奇氛围包裹住了——

山麓的宽阔草原上

绿油油的麦子在生长

菜花散发着香气

原野当中的一条直道

通往高塔耸立的当麻寺

轻轻踩在莲花草和蒲公英上的

是白玉般的纤足

清风翩翩吹过衣裳，也喧哗着

奔向高塔耸立的当麻寺

02　生卒年不详，奈良时代的山岳修行者，修验道的开始鼻祖，精通佛教。

中将姬 [03] 的脸上渗出汗水

有光洁少女的香味

以及丰满的圆润

飘然散落的鬓发，也喧哗着

飞向高塔耸立的当麻寺

中将姬举目遥望高塔

深邃的眼神，满含着悲哀

和苦恼的黯淡

在娥眉紧锁之间，忧郁地

投向高塔耸立的当麻寺

乳母与侍女默默无言

垂首跟在中将姬的后面

那静悄悄的脚步

~~~~~~~~~

03 747—775 年，传说是右大臣藤原丰成之女，5 岁丧母。
才貌兼备，13 岁时被授予三位中将的官位。受到继母嫉恨而
被谋杀，但不忍下手的家臣将其隐藏到云雀山的青莲寺。16
岁时，入当麻寺为尼，据传获得佛祖相助，一夜之间编织了当
麻曼陀罗。29 岁圆寂。

还有叹息的声音，悲伤地
传到高塔耸立的当麻寺

　　这就是中将姬，奇迹传说的主人公。据《古今著闻集》记载："其性清洁，轻视人间荣华，唯慕山林幽闲，遂于当寺兰若寻觅弥陀净刹。天平宝字七年六月十五日卸下虚美，致力往生净土，勤恳专精。"传说的发生可能也离此书写作日期不远。

　　抵达寺庙之后，支配着我整个心情的就是这位美丽比丘尼的传说——她极想亲眼看看肉身的弥陀，这是一颗因信仰而燃烧的年轻心灵的炽热祈愿。最终在她的面前出现了肉身的弥陀。一位陌生的比丘尼站在她的身边，要了一百驮莲茎，自己取出了莲丝。然后另一位貌如天仙的美人，开始用这些莲丝编织美轮美奂的曼陀罗。从晚上八点到凌晨四点，灯火是浸油的蒿束。曼陀罗织好之后，美女便离开了。比丘尼开始给中将姬讲解画像的奥义。她不可思议地问道："您是谁？从哪里来的？"比丘尼答曰："我是这个极乐世界的教主，织好这个的是我的弟子观世音，为了抚慰你的身心悲苦而来。"

这是做梦般的心灵想象。若考察被妥善保管的原本曼陀罗，即可发现它是用麻线与绢线编织而成的，换言之，用莲丝编就的说法是虚假的。但是，古人应该也明白，使用莲丝根本织不了布。必须使用莲丝的说法乃是想象的要求，即便那是虚假的，但也丝毫不损害想象的力量。

在昏暗得有点阴森的金堂里，我隔着铁丝网聚精会神地观看曼陀罗。那是东山时代的摹本，作为画作并不算很好，但其图像却非常有意思。在其他人对着须弥坛的金属零件，体味镰仓时代的巧妙工艺时，我一直把望远镜放在铁丝网上看个不停。很难相信天平时代的《阿弥陀净土变》出自于这样的构图，但如果催生中将姬传说的正是这一净土图的话，中将姬所代表的对彼岸生活的憧憬，就是对体现在极其简单的形态里的、完全的享乐生活的憧憬。或许可以说，它讲述着抛弃了人间荣耀的中将姬的所有心理细节。

首先在近处能看到的地方，有一个莲花盛开的水池，莲花上面，坐着一个看起来很舒适的小佛。其间有裸体人（童子？）划桨的宝船，载着精巧的托台与小小的佛陀，静静浮在水面。水中还有其他童子，上下莲花，举手嬉戏。往水池中央突出的华美平台中央，是一个用远近法描绘的舞台，上面画着两重正在演奏的舞乐者。大的排成两行，八位乐女并列坐着，以横笛、竖笛、古筝、竹笙、铜钹、琵琶给两位舞女伴奏。衣裳与观音一样，全都是裸露上半身、颈部佩戴首饰、身披天衣的印度风格。小的也分为两行，拿着铜钹或琵琶之类乐器的乐人（童子？）站着给两位舞者伴奏。看起来，其习惯都是把一整条天衣挂在肩上，其余则全裸。舞者里面，大的似乎就是所谓的舞乐，而小的更像是"舞蹈"。没有人使用面具。可从正面观看此舞台的水池中央，有一个砌着栏杆的华丽佛坛，上面有一尊大弥陀在中间，其余三十七尊菩萨围绕两旁。这个弥陀是整个画面的中心，只要与此中心相关，所有的地面线条都以远近法似的方式向中央收缩而去。但其个别形象并非是用远近法绘制的，因此我不觉得此画作者在当时具有了远近法的自觉。本尊的后面两侧则是中国风格的阁楼。侍女一般的天女们在其中来来往往，既有佳肴陈列于桌上，亦有天女端着美食在回廊里穿行的场景。二楼的露台上也有弥陀端坐着，而且本尊上面的天空中也有楼阁浮现，无论哪个看上去都非常悠闲自在。很多楼阁里面都有圆顶塔，这个据说是来自拜占庭的影响。天人在这些楼阁的屋檐周边轻快飞翔，是此画之中最令人觉得愉快的场景之一。天衣飞扬的方式、身体自由的形态，使得其飞翔看起来极其自然，给人强烈的虚空之感。

这种极乐风景，乃是彻头彻尾的人工之作，我甚至觉得，中国的暴君为了享乐而建造的楼阁、庭院，大概就是如此吧。其中没有任何一个特殊之物可以让人联想到释尊的解脱。所有的装饰都劣质得令人想到颓靡，所有的愉悦都没有超出官能的范围。即使把此画里面的一切弥陀像都置换成暴君，把所有菩萨都置换成美女，也不会产生任何矛盾。以这种想象作为彼岸生活来憧憬的永恒愿望，终究不过是试图补偿现世、无限延长现世的欲望。而且这种对现世的补偿，与暴君所试图实现的如出一辙，是物质的，而非精神的。

这种想象立足于《观无量寿经》，由此可见它显然是始于印度的。但是，印度人在心里描绘的肯定不是这样的形态。我不知道《净土变》是不是在印度创作的，但至少在《观经》里记述的那种想象，试图容纳宇宙之浩大，终究无法在画作里表现，可能只有音乐才能表现那种印象吧。位于极乐国土的八池之一里，就有六十亿朵七宝莲花，每朵莲花都是团团圆圆的，宽达四百八十里。在众宝国土的每一条边界上，都有五百亿个宝楼阁，每个楼阁之中又有无数的天人在表演伎乐。托载无量寿佛之座的莲花台，由八万四千片花瓣组成，最小的花瓣也是纵横一万里。这些形象全部超出了人类的表现能力，因此当这种想象流传到中国成为《净土变》的时候，恐怕就不得不变形为中国固有的仙宫想象了。至少在宝楼阁被画成中国风格的那种程度上，便忍不住加进了游仙窟的趣味。像此画一样，看起来也是把弥陀佛移进了仙宫。

不过，这些传到日本时，又增添了异国情趣的气质。此画缺乏诗性，也是以此来弥补的。因此此画也可能赋予了观者一种清净的印象。但是，在净土幸福不过是现世享乐的理想化这点上，也毫无变化。

残缺的人类存在渴望变成完整的生命，深刻的宗教要求往往就扎根在这种渴望之中。当然，这种渴望作为一种希求官能性愉悦的更完整满足的情感，也是可以表现出来的。但是，如果说宁可抛弃人间荣华富贵的人，毅然舍弃作为大臣之女的地位、作为美女之特权的人，其情感也是如此简单的话，那就有点荒谬了。作为刺激其法乐的手段，比起周详细密的《净土变》，毋宁说一尊弥陀像、一尊观音像会更加有力。这意味着，作为艺术而杰出者，同时也就是作为法乐之引导的有力者。比起《净土变》之类，天平雕刻更受重视，并不是没有理由的。

中将姬可能真的幻视到了弥陀与观音，但正如传说所示，那种幻觉发生在曼陀罗编织之前，而不是因为曼陀罗才产生的。

天平时代后期流行绘画的《弥陀净土变》应该不是这种杂乱的东西吧。法隆寺壁画的阿弥陀净土图，在图样上简素得与其无法相比，由此看来，当时的人们在这点上也并非是盲目的。壁画的净土图，与经典里描述的净土几乎毫无关系，主要是描绘了弥陀三尊而已，但作为画作而言，却比经典更能表现净土的气氛。与此相比，描绘水池描绘楼阁的那种净土图，只不过是无法理解绘画何为的僧侣之辈的主意罢了。装饰大佛殿墙壁的绣帐，完全不是这样的，在那高五丈四尺、宽三丈九尺的巨大画面上，只有一个硕大的观音立像飒爽地站着。我之前也认为，与法华寺弥陀画像相似的简洁弥陀像肯定是光明皇后的念持佛，确实，这样的画作在当时无疑会更受尊崇。

当麻寺里还有很多雕刻，大概都看了，也没漏掉其建筑，不过在此不再赘述[04]。

买了明信片一看，竟还有《供养来迎之游行实况》，看来惠心僧都[05]开创的来迎剧还是被保留着。

回到高田车站，开始淅淅沥沥地下起了小雨，不过最终没有变大。本来按照安排，继续参观久米寺、

04　本文之中虽然首先省略了，但此处首先要推荐天平时代的高塔。东塔较为古老，西塔据说与弘仁期相关，两者都很美。雕刻方面，修补的痕迹很明显，金堂的本尊弥勒与四天王都是天平时代之物。其他也有很多贞观时代、藤原时代的东西。另外，里面僧房区的书院与茶室很有名。

05　即源信。日本平安时代中期的天台宗僧侣，被尊称为惠心僧都。

冈寺、飞鸟古京一带的老寺，时间上也是允许的，可是一到火车上坐下来，连日积累的劳累开始冒出，都不敢在亩旁站下车了。丫氏不断劝诱，至少要看看亩旁神社吧，可是谁都站不起来。

右靠亩旁山和香久山，左挨耳无山，火车在这些可爱的小山之间奔驰而去，而古老的藤原京城、飞鸟京城的遗址就近在眼前。景色与奈良不同，安宁和稳，似乎可以从中感受到热爱这片土地的祖先心灵。在过去的那个时代，香久山对面的那些山丘之间，曾经耸立着众多堂塔，并且孕育了推古、白凤的新鲜文化。再往上回溯的话，这些山川之中，更是铭刻着我们那些传说时代的祖先们的种种爱恨情仇。这片大和之土，与日本民族的显著特质，似乎有着极为密切的联系。

在我们往右边眺望多武峰的阴郁容貌的时候，火车变换方向，渐渐靠近了三轮山山麓。这座在古代神话里扮演着重要角色的三轮山，尤其具有大和之山的特色。山势缓和，拖曳着长尾，充分地展露出可在古代坟墓那里看到的柔和圆形。把高山作为神来崇拜，是原始时代司空见惯的事情，但是崇拜具有如此柔和的线条与圆弧的山丘，相对而言比较少见吧。我很难理解人们竟然会从如此温和的山姿里感受得到超自然的威力，毋宁说，他们在那里投射的乃是对完美之物、和谐之物的模糊憧憬。若是如此，那么此山也算是关于神话的书了。

从三轮山往北，沿途上散落着不计其数的小型古坟。虽说是小型，但在形式上却属于大型古代坟墓。这种类型的古坟如此大量集聚在一起，是前所未有的。在讲解过程中，丫氏终于渐渐谈到了与古坟挖掘和古美术探索相关的话题。这里的大多数古坟似乎都被挖掘了，其中尤其有趣的是一件著名古坟的盗挖事件。因为该坟墓被视为圣地，平时无人涉足，盗墓者们便每天白昼都钻进去挖掘。某日，挖到一个大石棺，以为里面藏有丰富的宝贝，赶紧打开，只见一个皮肤白嫩的美女躺在其中，宛如活人。打开棺盖的人大吃一惊跌坐在地，但是就在他从吃惊到跌坐下来的那一瞬间，美女迅疾变色，哗啦啦地崩碎成灰了，其他人都没看到。这位目睹者却因此患了热病，不久便去世了。

不过，并非所有的挖掘都能成功。现在已经被挪移到横滨三溪园的贺茂塔，之前据说塔下埋着大量宝物，在迁移之际也雇了众多工匠进行挖掘。人们都紧张地期待那些宝物，特别是担任监工的人，担心工匠偷窃，一刻也不敢放松。然而，第一天净是石块，第二天也净是石块，第三天还是一样，不管挖了多少间都没发现任何宝物。

火车就在我们聆听这些趣闻时经过了丹波市。那是天理教的根据地，类似于会堂的巨大建筑鳞次栉比，给人一种阴郁之感。天理教徒筹建的铁路也由此通往王子（地名）。即便只是乘坐火车经过，便已经感觉到了天理教的强烈气氛，如果走进其内部的话，那会是什么感觉呢？那位狂热的美伎老太 [06]出现于这块靠近三轮山的地方，这令我联想起古代传说中常见的狂热女信徒，不禁浮想联翩。的确，美伎老太的宗教，从日本人的宗教素质来看是不可忽视的存在。但是，在局部地区势力如此强大的天理

06　指天理教创始人中山美伎（1798—1887），该教尊称她为"教祖"。中山美伎创教后，藉咒术、神符为人医病、助产，同时与家人一起传播"天理王命"信仰，遂名天理教。

教，却与现在日本文化的主流毫无交涉，又是为何呢？我的天理教知识仅来自于两三本小书，若据其所述，教祖的信仰应该是笃真无疑的，但它没有在现代文化之中茁壮发展，一个是因为日本人容易堕落的性情，另一个可能是因为它没有在世界性宗教之中扎根吧。当亲鸾[07]的宗教与基督教式的情感相结合时，便发出了新的光芒。与此相同，恐怕天理教也必须根据日本文化的变通来更新才行。从我含糊的推测来看，如果美伎老太诞生于基督教土壤的话，那种狂热应该会造成更巨大的潮流，日本人也会因此而拥有一个自己的圣人、确立自己的基督教。

07 亲鸾（1173－1263），日本净土真宗始祖。

月夜的东大寺南大门——

当初的东大寺伽蓝——

月光下的三月堂——

N君的故事

天空从黄昏开始就放晴了，到了晚上月光明亮。我打算去拜访 N 君，便独自悠闲地信步穿过公园，只见那个宽阔的草坪上面，无人亦无鹿，只有白色的月光在照耀。

　　也是在这个晚上，南大门的巨大身姿令我惊异无比。泛黑的两层屋顶仿佛生生嵌进了明亮的天空一样矗立着，下面的高大门柱之间，月光映照出来的朦胧空间，因为被区隔而显示出某种特殊的大小，极其符合"门"的感觉。我仰望那高耸的屋顶，再次感慨此门的伟大，同时也强烈意识到孑然一身的自己，地上印着渺小的影子。沿着石阶爬到门柱那里时，竟然产生了宛如走向舞台一般的严肃、紧张之感。

　　站在门坛上看大佛殿，又被新的惊异击中。大佛殿屋顶与天空一样都是蓝色，但略带铁青，仿佛朦胧地融进了空中一样浮在高处。幸运的是，正面那个丑陋的天窗被遮挡在中门的阴影之中，只能看见让人觉得异常高昂的屋顶上部。今晚我不太在意那有点局促的大梁，反而对其两端的鸱尾所发出的若隐若现、真的是若隐若现的淡淡金色，有一种想礼拜般的感激。蓝色与金色似乎要相互融为一体的那种清幽协调，乃是月光创造出来的效果。即使是拜月光之赐，但大佛殿能给人如此神奇的印象，还是因其有伟大之处。这种伟大的根本，也许是来自于空间的巨大。空间的巨大对于艺术品而言也能成为一种有力的契机，至少那里显现的大量人力，便自然会给人带来某种强烈的冲击。

我伫立在那里，遥想当初的东大寺伽蓝。首先南大门的周围必有广阔的空地，如果是站在今天这么狭窄的地方，这种巨大效果几乎都被扼杀了。从南大门右方的运动场眺望此门的人，只有在某种距离之外，才能发觉这里焕发的异样生气。

此门与中门之间，是一马平川的广场，左右两边耸立着高约三百二十尺的七重塔。其大小有点难以想象，不过高度大约是兴福寺五重塔的两倍，法隆寺五重塔的三倍，面积随之扩大，至少是法隆寺塔的十倍。塔的周围环绕着带有四门的走廊，走廊面积应该比今天的大佛殿还要大。若把这些高塔以及宽阔到足以显示高塔效果的广场放入眼中，便可知道，现在作为单一建筑兀自耸立的大佛殿，原本仅是整体伽蓝的一小部分而已。不过，今天的大佛殿，除了高度与纵深度保持了原样，其实宽度缩小了三分之一。因此不仅美感无法与当初的大佛殿相比，在规模上也几乎无法相比。试着画出当初的大佛殿略图与今天的一比，感觉现在的大佛殿还不到原来的一半大。当初的建筑屋顶宽度够长，整体感觉是非常轩昂宏伟的。我们若要想象其屋顶纵横的均衡，参照唐招提寺金堂屋顶即可。周围的走廊也不是今天的这种单廊，而是复廊。而且大佛殿的后面，以大讲堂为主，排列着三面僧房、经藏、钟楼、食堂等，讲堂、食堂都是十一间六面的大建筑。

恐怕那里曾经住着几千名僧侣吧，其中有讲师、学生，有导师、求道者。雕刻、绘画、音乐、舞蹈、戏剧、诗歌——以及宗教，无所不有。

我走过中门前的池子，沿着去往二月堂的林间小径，思量古代的精神事业——它们是如何发展的呢？后世出现的东大寺势力，是用"僧兵"来表现的。这伟大伽蓝之所以被烧毁，也是这些地上势力自己招致的结果。为何这个大学就不能以大学的形态继续发展呢？为何这一精神事业的传统无法顽强生存下去呢？友人研究"僧兵"得出的结论又浮上心头——"日本人容易堕落。"

沿着石阶爬上三月堂前，刚刚习惯了树间幽暗的眼睛，又被月光震住了。三月堂正在月色之下熠熠生辉，那是一种什么样的鲜明画面啊！轻盈而清朗的屋顶在幽幽的银色里发光，切割银色之面的屋檐线条无比美丽。左半边是天平时代的线条，右半边则是镰仓时代的线条，其差异处在一种和谐的变化之中。承接线条的檐头上，有着泛灰的朱红，古色沧桑，略微褪落，轻淡如梦。下面的白墙，以其透明清澈的明亮，寂然奏出了一种无声的声响。这才是艺术，这才是清洁灵魂的艺术。

N君居住的房子就在浸染了这种艺术的风景胜地里面。一步出门，三月堂就是自己的东西。可以借着弦月的光芒，或暗夜的星光，或破晓时分的天光，在朝雾之中，在晚霞之中，在黑暗之中，自由地观赏这个佛堂。甚至佛堂被风吹雨打的模样，也都不会看漏。

图十四

※ 三月堂

305

N 君的家人去看电影了，留他守家。他在客厅里，座位右边放着笔与记事本。我跟他说去了当麻寺，他便问我怎么看该寺塔上的风铎。我没注意过那里的风铎，便反问其缘由。他说："哦，我一直想问你是否喜欢那个形状。我还是喜欢法隆寺那边的。里面垂挂的钟，样子也不一样。从下往上看，是一个十字形。"我闻之颔首，赶紧收起了自己露了一半的嚣张气焰。

N 君几乎看完了所有的大和古寺，剩下只有一个室生寺，许多我连名字都没听说过的寺院，他都了如指掌。他说："因此我决定一步也不踏出大和。如果扩大范围的话，那就没完没了啦。""那你了解这么多，有没有兴趣写印象记之类？""我有记录在记事本上，但非常可惜没法变成印象记。"听他的说法，似乎从古美术方面获得的想象，正在结晶为作品。他又说："如果你去法隆寺的话，帮我好好看一下梦殿吧。我当时过于任性随便，好像伤害了和尚们的感情。因此不太方便去，虽然想，却不得不忍耐着。对，想再看看梦殿天顶、柱子等等……"

告辞的时候，N 君送我到南大门，路上跟我讲了一些现代僧侣生活的轶事。在比叡山长住过的他，对这些方面也比较了解。不仅如此，他自己也有某种体悟，可以安于半出家一样的单纯生活，所以比较同情那种渴望出家的心情，谈起那些抛妻弃子进入寺院的人，口吻之间亦毫无轻佻。例如他说起在比叡山发疯的修道者，让我感到很震撼。

"在这个寺庙里也有一位哦！偶尔会突然从草丛里冒出来。"Ｎ君说罢看了我一眼，"不过晚上不用担心。据说他像这里的鹿一样，到时候了就会回家的。"

不久，我们就在南大门的石阶上道别了。从石阶上走下来，回首一望，我跟他说："有空的话，我再来拜访你！"Ｎ君站在那个"门"的正中间，沐浴着月光答道："好，有缘再相见！"

法隆寺——

中门内的印象——

ENTASIS（凸肚状）

希腊的影响——

五重塔的运动

翌日，加上 F 氏，我们出发前往法隆寺。天气极好，心情也一片晴朗。从法隆寺的车站去往村子的山路，大概半里，一路上随着远远看到的五重塔慢慢接近，忍不住心潮澎湃，幸福感不断高涨。

一站到南大门前，古寺的感觉就浸满了整个身心。进门踏上白沙，望见古老的中门时，法隆寺独特的气氛便强烈地攥住了心灵。我们开始陶醉，陷入了身体在浮游一般的精神状态。

关于法隆寺的印象，我曾在给木下杢太郎的信中如此写过：

就我个人经验而言，走入那个中门的内侧、一眼看到金堂、佛塔与走廊的那一刹那，就感觉到了唰的一声、一种非常透明的音响一般的东西。再看第二眼，虽然没有首次强烈，但还是同样的感触、同样的冲击贯穿了全身，类似于麻痹的感觉。下一个瞬间，我便感到了犹如身处"灵魂森林"的奇妙静谧。一开始我以为是什么错觉，也想是不是那个古建筑几乎都褪了一半的朱色所引起的回响，但是后来仔细回忆，发现在那种唰的透明声响的记忆表象里，一定是建筑的朱色与无数个栅栏的记忆表象，以非常鲜明的模样牢牢联系在一起。金堂周边、佛塔周边以及走廊整体之中，都以整齐的平行直线，并列着无数个古旧发黑的棱形栅栏。走廊的栅栏窗户里，透进外面的光线与树木的绿色。这些栅栏并列的线条与整体泛旧的朱色，与那种唰的声响有着特别的关系。第二次去的时候，我游走观察那些神奇的并列直线，得以尽情地体味给自己带来了震撼的美之真相。

但是，那种美感并非是栅栏所独立具有的。实际上，栅栏不过是一种附属品而已。那个金堂屋顶的美丽斜度，上层与下层之间的巧妙平衡，屋檐周边大胆的力度之协调，利用斜度与平衡度把五重塔各层都收纳到一条线上的微妙和谐——冲击我的力量主要是在这些地方吧。然而，这一肃然的整体感觉，却是通过那些栅栏窗户所凸显出来的。青绿与朱红的古朴圆融，就特别在栅栏窗户斑驳的灰色之中被激活了。

我有点怀疑，如果那个堂塔没有那么古旧的话，是否会显得这么好看。不过，这种想象终究是无意义的，因为，摆在我们面前的，就只有这一种情形。

没法聆听你关于此建筑的印象，我深感遗憾。如果这一建筑是从朝鲜传来的式样，展示的是六朝时代的中国建筑的话，关于此建筑必有各种各样的推测。进一步而言，还可以考虑鸠摩罗什时代的于阗建筑、迦腻色迦王时代西北印度的木造建筑……但是我们并没有太多材料去支持这些推测。我也考虑过比较希腊的住宅建筑屋顶与中国建筑的屋顶，也考虑过斯坦因挖掘的于阗会堂与中国木造建筑的类似。难道日本式的墙壁本来是在中亚发明的吗？或者是汉人的发明？——这么多的疑问，让我非常期待兄台的大陆见闻。

这是一封试图讲清楚法隆寺建筑的整体印象而努力写就的信，现在我觉得使得那种印象成立的契机其实是更加复杂的。答案随着观看次数的增多而渐渐清晰起来。虽然此建筑给人特异印象的原因在于那些纱绫形的栏杆，但如果说为何会令人觉得特异，其实是因为它出奇地高。另外，屋顶斜度与天平建筑相比，颇有异国情调，乃是因为曲线的弯度较大而且比较尖锐。讲堂是藤原时代的作品，因此弯度变得柔和，但是与金堂相比，尽管尺度上仅有细微差异，显

图十五

※ 法隆寺金堂

示的感觉却完全不同。在推古佛像与藤原佛像之间的距离，在此也确切存在。若把此金堂与唐招提寺的金堂相比，也应该能感受得到天平佛像与推古佛像在建筑上体现出来的差异。如果说招提寺的金堂是"浑然一体"，那么此金堂则有偏执之美、热情而敏锐的美，其原因就在于那些弯度的锐利之间。

法隆寺建筑较多九脊殿屋顶[01]，也与此有关。和五脊殿屋顶的单纯明快相比，此金堂的屋顶给人复杂异样的感觉，可以说是因为它们多是九脊殿屋顶。此建筑尤其带有一点中国建筑风格，也应该是出于这个理由。但是，九脊殿屋顶并非只会引起雷同的印象，当它与那些弯度强烈的曲线相结合时，便会给人信中所讲的感觉。

此建筑的柱子带着显著的entasis（凸肚状）模样，让人不禁会联想到与希腊建筑的关系，实在是意味深

01　中国古代汉族建筑的一种屋顶样式，日本称为"入母屋造"。屋顶有一条正脊、四条垂脊，四条斜脊，故宋代称"九脊殿"，又名"九脊顶"或"歇山顶"，在规格上仅次于"庑殿顶（五脊殿）"。

长。虽然不能断定是不是中国人创造了这种柱子的隆起，但它很明显没有汉式风格。如果说希腊建筑的式样随佛教传来的话，那它最容易被应用在柱子上。这是非常好理解的事情，有人也以此判断这是希腊美术东渐的一个证据。我对此深有同感。如果从汉代到唐代的各种建筑都存留至今，那么西方建筑式样通过佛教传入带来了什么影响，应该是可以弄清楚的。然而，能够充当这一证据的建筑，仅仅遗留在日本。因此，法隆寺建筑便成了极东建筑史上难得的缩图。在这一缩图之中，那些柱子中间的隆起作为一个引人注目的现象，仿佛宝石一样散发着光芒。不过，进一步而言，不仅仅是柱子的凸肚状，其整体的构造与氛围，都在言说着西方的影响。在六朝以前，中国并没有这么明显的宗教建筑。虽有高楼，却是为了人间欢乐而建的，我们没听说过他们为了祭祀上天而建造礼拜堂，大建筑一般只属于宫殿或衙门。因此，当人们利用这一建筑样式来兴建纯粹的礼拜堂，以至于建造作为礼拜对象的佛塔时，尽管其样式没有发生巨大变化，我们也必须承认那是建筑史上的一种大变革。这时候，印度的 stupa[02] 变成了中国式的多层佛塔，反过来说，中国式的多层楼阁获得了作为印度风的浮屠的意义。但是，没有拥有过呼唤礼拜精神的建筑物的中国人，果真可以通过自发的创作欲来建造这种庄严佛塔吗？那里难道没有紧闭的眼睛被新精神打开的某种契机吗？如果有的话，应是西方艺术精神在利用旧式样的过程中创造出了新的和谐。所以，我们拥有的佛教殿堂，便是六朝时代以及之后的东西文化融合的产物，这与雕刻乃西方艺术精神的孩子是同样的事情。这一精神从六朝到唐朝的时候渐次显现，在建筑方面，唐招提寺金堂虽然没有凸肚状柱子，但在精神上实属希腊式。如果说当麻曼陀罗的楼阁是中国风格，那么这一金堂几乎都不属于中国风格。这一非中国倾向的较早出现，恐怕就体现在法隆寺建筑里。

那天的另外一个发现，就是五重塔的动态之美。在天平大塔悉数毁灭的今天，如果要一睹高塔之美，

02　窣堵坡。古印度供奉舍利的坟冢。中文也称"塔"、"浮屠"。窣堵波是古代佛教特有的建筑类型之一，主要用于供奉和安置佛祖及圣僧的遗骨（舍利）、经文和法物。

图十六

※

法隆寺五重塔

再无能出其右者了。我素来喜欢佛塔，因此便试图从各种角度来欣赏这一五重塔的美。在中门的坛上，金堂的坛上，在讲堂前的石灯笼旁边，在讲堂的坛上，然后再回到石灯笼的旁边，绕到右侧，从回廊之间出到中门。然后在佛塔屋檐下面，仰着头转圈看，直看到脖子发痛。就是在这样的漫步之间，我发现了此塔是如何迷人地活动。

佛塔很高，因此我的眼睛与五层屋顶之间，就有了五种不同的距离。各层的栏杆与斗拱也各有五种，檐头、栏杆、斗拱之间的距离也是不同的。另外，构成此塔的无数个细小形象，到我眼睛之间的距离也全都有差异。但是在我静止的时候，这些并不重要，相反，重要的是佛塔各层之间的平衡——例如檐头虽然突出较多但轴部较低，屋顶斜度缓慢，塔身的高度与宽度之间显示了最低限度的均衡；或者在越往上便越缩进的檐头里，第二层与第四层缩得较多，因此往上面尖缩而去的塔势由于这细微的变化而愈发显得精美等等，这些才是最为重要的。然而，当我开始走动时，营造这一均衡与塔势的无数形象就一齐变换位置，随之更新与我眼睛之间的距离。而且更新的程度并不统一，距我眼睛较近的变动较多，距离较远的上层则仅有稍微变动。所以当我持续走动时，既有运动较快的檐头，也有运动较慢的檐头。不仅如此，栏杆和斗拱的速度也都不一样。佛塔整体的运动方式非常复杂，而且这种复杂与其静止时的均衡或塔势是统一的。这种复杂的高塔运动，在我与塔身保持着同等距离绕塔而行的时候、朝着塔走过去的时候、斜斜地一点一点远离或接近塔身的时候，全都大异其趣。斜走的角度可以伸缩自如，因此佛塔活动的模样也是变幻自在的。我的步伐当然很不规则，因此佛塔的活动也随之千变万化。而且，贯穿在这种变化之中的和谐，或者毋宁说本身在不断变迁流动的和谐，毫无散乱消失的危险。

这种运动，本来就有色彩的追随。五层屋顶的瓦片苍然接近青绿，而屋顶的上下两端则点缀着浓郁的青绿色——那是在飞檐那里排成一列的椽子尖端与附着在栏杆各处的旧金属附件。栏杆的灰色、墙壁的白色、柱子或斗拱的丹色、云形肘木的黄色等，都夹杂在屋顶与屋顶之间。尤其是丹色，在突出的檐头阴影下时比较鲜艳，愈是离开檐头的部分则愈发稀薄。

换言之，在斗拱的组合复杂之处，丹色遗留得多，而到了柱子下部，便稀薄钝化，脱落而去。在这些色彩的最底层，还有裳阶[03]的木屋顶的灰色、其下的栅栏显示的微妙浓淡的灰褐色、极其明快地切割这些灰褐色的白壁之色——所有的色彩，各自速度不一，混杂缭乱，都在东奔西走，流淌而动。

尤其令我惊讶的是在屋檐下仰望屋顶而走的时候。各层的速度显然非常不同，佛塔看起来仿佛在舞蹈一般旋转。那时候我忍不住感叹：如此的动态之美，在飞檐较短的西洋建筑里怎么看得到呢。

03　或曰"裳层"，附在佛堂、佛塔挑檐下面的另一层小屋檐，原为防风防雨，后来多用于外观装饰，为了让建筑物看起来更富有层次感。

金堂壁画——金堂壁画与

阿旃陀壁画——

印度风格的衰退——

日本人的痕迹——大壁小壁

金堂坛上——橘夫人的佛龛

纲封藏 *

* 法隆寺里保管寺庙宝物的仓库。藏，即仓库之意。

我们是从东边入口进去金堂的。走进里面，想着先看看本尊便往左转了。

但是来到药师三尊的侧边时，我无意中往西边一瞥，便愕然呆住了。只见在一排古老铜像与黑色柱子之间，挂在西壁的阿弥陀像鲜明地浮现了出来，连其手指都看得一清二楚。我完全没有预料到，从金堂东端就能如此清晰地看得到距离这么远的阿弥陀像，更加意想不到的是，隔着这么远，此画的雕刻之美反而体现得更加充分。

我们看都不看本尊释迦及其左右胁侍，就赶紧跑到阿弥陀净土画那里。这幅画才是东洋绘画的最高峰，剥落虽然严重，但是就连白色的剥落之处都为此画增添了栩栩如生的新鲜感。站在此画面前，什么都不用思考，什么都没必要弥补，你只需要凝视、陶醉即可。

在中央的华盖之下，阿弥陀如来就盘腿端坐在一个形状罕见、装饰华丽的屏障前面。暗红的法衣波纹起伏地从两肩流向手腕，柔和裹住双膝，再漂浮到莲花宝座上。皱襞的涂色处理仿佛是光线与色彩的嬉戏，同样无微不至地表现了肢体的凸凹感。法

图
十
七

※

法隆寺金堂壁画弥陀净土图

※ 法隆寺金堂壁画中尊阿弥陀佛

衣覆盖宽大的肩膀时略感坚挺，缠绕上臂时则变得细腻，在膝盖上时则显出一种温柔的张力，充分激发了内部肉体的感触。布料那种虽然柔软但不缺乏弹性与厚重感的性质，也在袖口的飘逸与肩头的褶皱里表现得一清二楚。至于持说法印的双手之美，更加令人惊叹。以现在的状态并无法判断那里是否曾经上过色，但轮廓线条留存完好，极其巧妙精湛地表现了"手"的存在。本来，以现代人的眼光来看，其写实有点过于随性了，但正是在这种大胆豪放的随性里，横溢着古典的强韧力度。在稍微弯曲的纯粹线条之后，也似乎蕴藏着对人手的不可思议之美的无限惊异与挚爱。曾经有人认为这一线条缺乏表情："线条几乎毫无意义，只不过是塑造形象、进行上色的边界线而已。"可能因为这类见解，线画最终堕落成了一种游戏，而现在，我们应该把这种古典的、强力的艺术追认为艺术的正当祖先，也必须通过这一"手"的精神，从线画里面开拓出一条新的道路。如果某颗心灵从那双手，尤其是从那只左手里感受到深刻的爱，那么它必然也是批评现代日本画的心灵。不过，这双手的美，可能并不仅是作为线画的美。已

图十九

※ 法隆寺金堂壁画右胁侍

图二十 ※ 法隆寺金堂壁画右胁侍面相

经脱落一半的色彩与点缀在其间的白色剥落面，似乎有浓烈的画具在上面涂抹过一样，带着无以伦比的效果。这种厚重感，一方面来自于那些有力线条的刻画，另一方面也得助于剥落的效果。这真是天赋的色彩，是对日本画家的天启。

脸部没有手部褪色得那么厉害，但有点变色泛黑。其中也有以上所说的剥落效果，但也许一开始就在那里做了涂色处理，挺拔的高鼻梁看上去非常漂亮，如果是自然剥落，那就有点太巧合了。无论如何，这是一张伟大的脸。微微张开的眼睛，凝视着无限世界一般深邃，紧紧抿着的嘴唇反映出超绝的意志力。通过冥想达到的解脱境界，似乎就在此显出了具体的姿态。描绘美丽的人脸，却能刻画出如此非人情的、超脱的清净感，真的是无以伦比。西洋画里出现的高贵，却更多地沾染了人情味；而在产生了佛教的印度，其壁画里也没有给人如此清净印象的作品。

弥勒佛的光背令人惊叹。光芒从身体里迸射出来浮动在周围的感觉，栩栩如生。而且那是灵光，并非刺激感官的光线。因此，这些光芒极其透明、安静地环绕着佛体，并不遮蔽背后的物象。只有这样，才可以说真正表达了光背最初的意义，也是在这幅画里，我第一次获得了对于光背的由衷感动。

本尊左右站立着观音与势至。它们似乎被本尊牵引，但同时又保持着自己的独立，腰部往本尊方向扭曲，肩膀用力后倾，而脸部则有一半转向本尊，斜斜往下，凝视着本尊身前的空间。如果在此画前方两尺左右的地方画一条对角线，两尊胁侍的视线便会集中到其交叉点，而本尊的上体就恰好被支撑在交叉的视线之上。这样便创造出了一种效果，仿佛两尊胁侍的上体，利用与对角线几乎平行的内侧手腕、与手腕斜度相应的姿势，从左右两边捧托着本尊。两尊胁侍的这种姿势，完全体现了作为"胁侍"的意义。构图如此紧密的三尊佛，恐怕很难在他处看得到了。

分别观察胁侍，会发现其魅力超乎本尊之上。与本尊给人的男性印象相反，它们是女性形象，但通过这种女性气质透露出来的清净感，丝毫不逊于本尊。"我还没看过这么像人但同时又没有人间气息的形象。"这句话非常准确地说中了此画给人的印象。它的脸是端正的美女脸孔，但那种威严与高贵，以及专

注于三昧 ⁰¹ 之中的凝然表情，都不属于地上之国的女性。其手腕的美丽浑圆、颈项首饰垂挂在上的胸部的清朗、华丽衣裳缠绕的腰部或薄衣下面隐隐露出的大腿的艳丽，看起来都似乎沉浸在三昧之中，有着不可思议的美感。势至轻微弯曲的右腕，观音托着莲茎紧挨腰部的右手——即使仅仅观看这些局部，都可以体会到某种法悦。这个画家，应该是从人体之美里感受到了永恒生命的微妙律动，然后把它成功表现到了这幅画作的肉体灵光之中。

毋庸置疑，此画才是真实的净土图。这里没有宝池没有宝楼也没有宝树，也没有曼妙飞翔在空中的天人，只有巨大的弥陀三尊，以及装饰性地排列在上下两端的小菩萨像。画家借助美丽的人体，恰如其分地表现出了真正的"弥陀净土"。人们曾经力证艺术可以给人带来一时性的解脱，而此画则试图发挥艺术这一特性，把它与永远的解脱联系在一起。此画作者似乎领悟到了：能够让这一尝试获得成功的因素，仅仅存在于灵光之美的完美表达之中——不是在画面里刻画净土之光景，而是要创作可以暗示永恒生命的意义深刻的形象。此画作为宗教美术，其伟大之理由，恐怕也就在于此了。

　　此画与阿旃陀壁画的相似，已经被人们多次谈起。作为例证，人们曾经比较过阿旃陀菩萨像与此观音像。确实不得不承认，腰部扭曲的姿势、缠绕腰部的衣裳、透过薄衣可以看到下肢等地方都是"酷似"的。比起犍陀罗那种直立的、衣裳沉厚的菩萨像，此观音的确与阿旃陀壁画更加接近。因此，这一壁画应该吸取了笈多王朝绘画的传统，即使从颈项首饰或者衣裳花纹也都可以加以证明。但是，它属于笈多样式，却不直接意味着此画没有吸收到希腊艺术的营养。笈多王朝艺术可以说是犍陀罗美术的醇化，或者也可以视为希腊精神在印度的复兴。本来印度的偶像礼拜风俗便是继承了希腊的传统。也可以说是希腊传统按照印度风格培育了笈多式的艺术。所以，认为此壁画吸收了希腊艺术潮流的说法，应该无误。

通过比较此画与阿旃陀壁画的差异，更加可以加强以上见解。例如腰部扭曲的方式，仔细一看，其实与印度画像是不同的。印度画像的扭曲更为夸张，几乎到了病态的程度。而此画更加接近希腊人体雕刻的扭曲方式，比较富有安定感。如果这一变化是在西域发生的，那么我们不难想象：随着印度风格的衰退，相对比较纯粹的希腊风格反而显露出来了。

还有其他更加重要的差异——第一，构图上明显的统一感。恐怕在印度画作里很难找到这么鲜明的统一感。这一变化既可以归之为希腊精神的影响，也可以视为中国人的功绩。中国人掌握着简化的秘诀，或者说希腊的和谐气氛刺激了中国人的这一气质，然后才在画面上实现了这种统一。第二是弥漫整个画面的清净感、透明感。在印度画里，我们可以感受到令人窒息般的病态兴奋，那里描绘的佛像，不管如何庄严端正，总没法给人超凡脱俗之感。看胁侍菩萨的话，这种差异非常显著，即便是那些比较相似的小菩萨像，也有着同样的分别。位于弥陀两肩之上的半裸小菩萨像，其姿势常见于阿旃陀画作，但却有着更加天真、清朗的韵味。对乳房与腰部的病态痴迷，在此画之中是不存在的。这种变化是在哪里发生的呢？希腊人不管如何喜爱女体雕刻，也没有超越生命之美，与此相比，印度人的趣味显然是淫靡的。这两种气质混杂的艺术迁移到东方的时候，只要是附属于偶像礼赞的传统，那么去除后者而发挥前者，亦可视为希腊精神的复兴。这一变化是西域人、中国人还是日本人完成的？——恐怕是三者的共同作业，而且越到东方，这一变化的程度便越强烈。在此意义上，此画真正体现了日本人的趣味，尤其是热爱推古佛之清净的日本人的趣味。

法隆寺壁画里有着日本人的痕迹！——对于这种过于直率的看法，或许有人会大吃一惊。但是，吃惊的人现在依然找不到可以反对这一看法的遗物。据说在唐朝居住的西域人尉迟乙僧[02]画过类似作品，但那只不过是文献记载而已。西域挖掘品之中，也没有一幅与此画具有相同韵味的作品。斯坦因、勒科

02　中国初唐画家。西域出身的隋朝画家尉迟跋质那之子，亦称"小尉迟"。擅长画佛像和外国人物画、铁线描，设色侧重于晕染，对唐代吸取西方画风有很大帮助。

克[03]的挖掘品同样如此。此画的气韵迥异于西域画。这样的话，我们只能将此画与其诞生之地联系起来考虑。在日本创作此画的，可能是外国人。如果是外国人，那么他应该是无法容于唐朝，而在日本找到了适宜自己的居处。在这个天才的启发之下，日本人大开眼界，觉得自己的心灵得到了表达。此画作者应该是一位以热爱推古佛的朴素心灵为贵、并且愿意委身其中的人吧。承认中宫寺观音与中国六朝石佛之间的显著差异者，也必然会承认此画虽属初唐样式，但在气韵方面与其截然不同。

从希腊到东方之间，无论是波斯、印度、西域还是中国，都没有日本与希腊那么相似。印度壁画传到日本之后，发生了这样的气韵变化，也许与这一事实不无关系。在气候、风土、人情方面，那些广漠的大陆与地中海的半岛相差甚远，反而日本与希腊却颇为

03　1860－1930，德国东方学家。曾任职柏林民俗博物馆，晚年为该馆东方部主任。1902－1904年期间四次到中国新疆考察、盗掘，从吐鲁番、喀什、哈密等地，带走中国大量珍贵文物，有壁画、雕刻及多种文字的文书、文献等。其中约半数在第二次世界大战中被毁。

接近。在大陆漂泊期间无法被理解的情感，到了日本方才找到由衷共鸣的情况，也并非是不可能的。与中国或印度相比，日本的独创力比较贫弱，但是在放空自己、努力模仿的过程中，也终究会出现某种独特的品格。如果说日本的土地特征，在于充满甘美、哀愁的抒情诗气质，我们也可以将其视为日本人的独特气质。《古事记》所载神话的温和、中宫寺观音所呈现的慈爱与悲哀，恐怕都是这一气质的体现吧。那里常有惆怅，常有泪水，那些泪水常会给所有欢乐带来灵魂的忧郁。因此印度的肉感绘画，被这些泪水过滤之后，则变成了透明的静美。在此，希腊人的美意识找到了其遥远的兄弟。

无人否认，此画与药师寺圣观音是彼此呼应的，制作年代恐怕也相去不远。现存遗品虽然较少，但这些白凤时代的艺术，无疑是世界的奇迹。倘若如某人所说，它们与弥陀三尊铜板挤压佛（奈良博物馆）、观修寺绣曼陀罗（京都博物馆）一样，都是我国人在舶来蓝本上创作出来的作品，那么当时日本人的艺术活力，实在是令人惊叹。

我虽然仅仅执着于西壁的净土图，但其他三面大壁与八面小壁也都画有壁画，而且彼此之间的韵味都不太一样。有人断定，这些壁画的作者至少有四个人。确实能感受到四人以上的画家手法，其中似乎也有时代不同的作品。

　　小壁之间最为精美的，是从入口左转至尽头的东壁与南壁。壁画佛像相当写实，也相当有希腊味道，比起前面谈到的观音、势至，或许可以说更加逼真鲜活。南壁上刻画的持花站立姿势，犹如亚马逊神像般强韧且娇媚。在西大壁那边的小壁之中，尤其是左方坐像，那种阴郁、轮廓端正、带着雅利安人种特征的脸部特别引人注目。第一眼看去就莫名地想起了米开朗基罗的维多利亚·科隆娜[04]画像。连我自己都不明白，两者并不相像，为何会联想到一起呢？

　　大壁之中，北大壁（北侧左方）已经几乎全部磨灭，南大壁（东侧右方）则明显拙劣，唯有东大壁（北

04　1492—1547 年，意大利贵妇，诗人。中年以后与米开朗基罗相识，过往亲密，彼此交换诗歌等，保持着深刻的精神交流。晚年米开朗基罗为其画过肖像画。

侧右方），可以说仅亚于净土图。该画构图甚佳，画面保存也最完好，但变色厉害，阻碍了整体效果。从部分来看，左端菩萨与天盖右侧的天人是非常漂亮的，各种菩萨像的布置也相当巧妙。

金堂坛上安放着多尊佛像，著名的天盖从天井垂下。但奇怪的是，天盖与本尊以及其他佛像的关系却是隔绝的。立在四方的四天王，雕刻简朴，情趣精巧，都是可圈可点的。四天王置于四角，然后再把此坛上的诸佛都纳入一个统一的佛像群之中，可以想象当初的金堂内部光景，一定颇为壮观。

坛上所设物品之中，最值得关注的应是橘夫人的佛龛。我在其前伫立良久，终于在丫氏的帮助下，爬到了坛上，得以仔细观察台座上所绘的壁画式作品。该佛龛的大体结构是推古式的，作为屋顶的天盖，酷似于金堂的大天盖，多用汉式直线花纹。不过台座画作，比起壁画而言当然不能相提并论，但从西域风格这个角度来看，却又前进了一步。这两种样式的混用让人觉得非常奇妙，因为其中体现的两种情感形成了

图廿一 ※ 橘夫人念持佛

非常明显的对照。但佛龛内部的阿弥陀三尊像及其背后的光屏之中，又极其巧妙地融合了推古风格与西域风格，其融合之高超，实在令人惊奇。中尊的脸部因为正面的光线而奇特地呈现出一种似乎是腼腆的、欲哭的表情，但若是光线柔和、阴影恰到好处时，那种奇妙的微笑、厚重的眼睑，便会给人极美的温柔、清纯和可爱的印象。这种脸部的雕刻方式，与门扉上描绘的印度风格的细足丰乳的大菩萨一样，都采用了新的式样，但尽管如此，其感觉毋宁说更加接近于中宫寺观音。衣裳的褶皱之柔软，也处于推古佛与壁画的中间。胁侍菩萨比较像推古佛，但乳房的隆起、腰部的扭曲等与门画的韵味有几分相似。其脸部感觉与本尊一样，都属于我国独特之物。后方屏障所刻的菩萨，其肌肉的柔软、衣裳飘扬的洒脱，美得令人屏息，从中也能看出新样式的日本化。这种充满甘美、哀愁与慈爱的美术，是通过吸收西域美术创造出来的，这一事实也给我们在思考日本人的特性方面提供了重要的启发。

没有确切证据表明这个佛龛是橘夫人遗下的宠爱物品，但从制作年代来看，也未必没有可能。橘夫人生于天智时代，送走天武时代的青春恋情，成为持统时代文武天皇的养育者，亦在文武时代生下了光明皇后。如果此佛龛制作于天武、持统时期，那正是橘夫人入宫前后，或许正反映了当时后宫的趣味。其装饰里深远的温柔、细腻，三尊似乎要怆然泪下的动人模样，恐怕都让当时的贵妇人心荡神驰了吧。就像光明皇后代表着天平时代的一面一样，如果也可以让这位母后代表白凤时代的一面，那么遗留在此佛龛里的夫人之爱，或许正暗示着藤原京生活样貌的另一半。

　　从金堂出来，我们移步到了纲封藏。那里不愧是宝库，收藏着各种雕像绘画工艺品，著名的有木雕九面观音、铜像梦违观音等。梦违观音非常好看，甚至要超过新药师寺的香药师。另外也有不少与其相差无几的漂亮佛像。此外有很多的绢、锦、毯，以及其他器具之类，都让人泛起思古之幽情。如果静下心来仔细观摩，兴致估计会绵绵不断的。我们看起来形同于空白的古老祖先的生活，通过观察这些物品，应该会多少得到填补。

　　但是无法静心的我，却在琳琅满目的物品面前不知所措，疲惫到感受力都彻底迟钝起来。要回到梦殿南边的宿舍吃午饭时，坐在走廊上，连脱鞋的力气都使不出来了。

梦殿——梦殿秘佛——
费诺罗萨*的看法——
传法堂——中宫寺——
中宫寺观音——日本特质——
中宫寺以后

* Ernest Francisco Fenollosa，1853—1908，美国东洋美术史家、哲学家，明治时代受聘来日，在世界上积极评价、推介日本美术。

中午便去了梦殿。这是一座建于天平时代的美丽八角殿堂，从西边入口看去，有点遗憾的是，由于四周过于狭窄，其魅力没法充分发挥出来。圣德太子的斑鸠宫好像与现在的殿堂配置不同，但是作为讲堂的传法堂是从橘夫人的邸宅移过来的住宅建筑。从走廊下方深处可以看到传法堂的绘殿，如果站在绘殿的户外走廊上眺望梦殿，可以勉强看到传法堂的全貌。建筑之间是如此接近。也可以说这不太像伽蓝，而似乎是居住感十分舒适的住宅建筑。

梦殿给人非常肃然的印象。请人打开北侧大门，然后进入堂内、爬上双重的讲坛靠近中央的佛龛时，这种感觉便越来越强烈。

我们站在佛龛的左侧。高门安静地往左右敞开，长长的垂帘也静静地掀起。香木浓郁的味道扑鼻而来的同时，秘佛那奇妙、神秘、无以言表的侧脸便飞入了我们的眼帘。

我们仿佛被吸了过去一般，挨近佛龛的垂帘，仰望里面的佛脸。光线被我们的身体遮蔽，昏暗的佛龛内部浮现出一张悠然带着生气的脸庞。其眉毛、眼睛、

图廿二 ※ 梦殿

图廿三

※ 梦殿观音

特别是脸颊与嘴唇上，都洋溢着一种幽幽的、但是印象尖锐如刺的、带着奇特美感的微笑。脸庞如谜，但不是阴暗的，充满了爱意，却没有印度式的诱惑。

肌肤的感觉也很奇妙。清幽的涂金，仅剩下了一面，从暗褐色的背景里发出柔和的光芒，仿佛是有弹性的鲜活肌肤，却又好像是除去了人体温度与气味的清净肌肤，有着特殊的生气。不仅是脸部如此，美丽的手部、胸部都有这种感觉。

腹部突出的姿势让人有点介意，不过此像本来就不是让人从侧面观赏的吧。另外，从肩膀缓缓滑下的直线衣裳非常漂亮。

费诺罗萨突然发现这尊奇妙佛像时的惊异，对于日本古美术而言是一个难忘的纪念。他在 1884 年夏天，受日本政府嘱托来日研究古美术。他在法隆寺与僧人交涉，要求打开这个佛龛。但僧人回答，若是做出这种亵渎行为，不仅会遭到佛祖惩罚，而且还会引发大地震毁坏寺塔，坚决不肯。当时寺僧只知道，秘佛是从百济传来的推古佛，以及佛龛两百多年都没打开过。所以，不仅是此佛像的艺术价值被埋没，而且数世纪以来都没有一个日本人亲眼看过它。费诺罗萨与同行的九鬼氏[01]怀着或许能见到稀罕宝物的期待，锲而不舍地劝说寺僧，最终经过长时间的斡旋，寺僧才拿着钥匙登上了中央的佛坛。数世纪都没用过的钥匙，碰触到生锈的铁锁时发出的声音，让两人激动得浑身颤抖。佛龛里面，高高立着一个东西，上下都蒙裹着棉布，布上堆积着几个世纪的灰尘。呛着灰尘卸下棉布并非一个轻松的活儿，因为布料足足使用了一百五十丈左右。

"但是，最后的覆盖物还是被取下了。"费诺罗萨如此写道，"然后这令人惊叹的、世上唯一的雕像，经过数世纪之后，终于重见天日。它比人身略高，但背部是空的。精心刻在某种坚木上，全身涂金，但现在已变成了铜一般的黄褐色。头顶装饰着朝鲜风格的奇妙金铜雕冠，从中垂下镶嵌宝石的镂空雕刻的长带。"

---

01 指九鬼隆一（1852—1931），明治时代日本的政治家，曾任驻美特命全权公使，归国后任全国宝物调查委员长、宫中顾问官、帝国博物馆总长。结识费诺罗萨、冈仓天心等人，成为其美术研究的支持者，致力于美术行政。其子九鬼周造是日本著名哲学家。

"不过最吸引我们的,乃是不可思议的制作之美。若从正面观看,它并没那么高贵,但若从侧面看,便可察觉它与希腊初期美术达到了同样的高度。从肩膀往足部,沿着两侧流淌而下的长衣线条,变成了一条近乎直线的、安静的曲线,给它增添了伟大的高度与威严。胸部收回,腹部微微突出,拿着宝石或药箱的双手被塑造得极其矫健有力。但最美的形象是从侧面观看其头部。汉式的锐利鼻子、笔直的毫无阴霾的脸庞、略大的——几乎像黑人般的嘴唇,以及飘浮在上面的安静而神秘的微笑。它的微笑与达芬奇的蒙娜丽莎的微笑不无相似。与带有原始僵硬的埃及美术的最高级作品相比,此像的雕刻方式在敏锐与独创性上,甚至显得更胜一筹。流畅纤细的部分与亚眠[02]的哥特式雕像有点相似,但在线条的单纯组织上,此像更富有平静的完整。衣纹布置似乎是基于吴朝的铜像式样(六朝式样),但由于增添了这种顺畅的平衡,使得它突然发展出了意料不到的美。我第一眼

　　02　法国北部城市,索姆省省会,是世界闻名的大学城,有法国最宏伟的、建于十三世纪的哥特式大教堂。

看去，便知道它肯定是朝鲜作品的最高杰作，是推古时代艺术家，尤其是圣德太子的有力典范。"

我们日本人应该感谢费诺罗萨的发现，但是却不能悉数同意他的以上见解。例如，将此像的微笑与蒙娜丽莎相比，便不太妥当。两者的确都是从内部到肉身所创造出来的美，也是非常深奥的微笑。但是在蒙娜丽莎的微笑里，蕴藏着人类的所有光明与人类的所有黑暗，而此观音的微笑却是在冥想深处获得的自由境界的纯粹表现。蒙娜丽莎里面隐藏的维纳斯，因为圣徒的热情而被驱入修道院，因为骑士的热情而成为灵性憧憬的对象，因为奔放的人性自觉而成为反抗的罪恶之国的女王。而此观音里面所蕴藏的维纳斯，只不过是一个顺从的、慈悲的婢女。它放弃了感官上的肉体美，仅靠冥想之美来吸引观者，理由便在此。

蒙娜丽莎是从因恐惧而战栗的灵魂动摇的氛围中诞生的。在那个时代，人们看到从地里挖出的女魔的白色肉体，既因为被地狱之火焚烧的原罪之恐怖而颤抖，又无法从那闪耀的美艳之中移开视线。但是，梦殿观音却是在朴素灵魂的渴求从自然人的心中开始萌发的时代氛围里诞生的。那时候，人们还不懂得灵肉之争的痛苦。引导他们的佛教，也逐渐远离其诞生以来的深刻的生命分裂，在灵肉和谐之中——艺术的法乐与理想化的慈爱之中认可其最强的契机。因此从这个结晶在其中的观音身上，我们感觉不到什么黑暗的背景，更加没有那种彻底颠覆人类情感的、深刻且尖锐的精神阴影。它只有朴素的、无以言表的神秘。在蒙娜丽莎的微笑与梦殿观音的微笑之间，存在着这样的差异。

与埃及古雕刻的比较也很有意思，但是两者不仅在雕刻方式的敏锐与独创性上大相径庭，而且那种神秘气氛也是不同的。埃及雕刻的神秘气氛，与相信灵魂不灭与肉体复活的人类情感紧密相连，但是此观音的神秘气氛，却显得更加沉静、冥思、超凡脱俗。

另外，与亚眠或巴黎圣母院的雕像进行比较也是发人深思的。实际上，两者在气质的清新上有着奇妙的类似，研究这种类似因何产生，应有非常重要的意义。归根结底，这会是一个年轻民族如何吸收世界宗教的宗教情感问题。

费诺罗萨断定此像是朝鲜作品，可能有点操之过急了。在当时的艺术家之中，当然也有朝鲜人，但是为何只承认朝鲜才有显著的独创而日本没有呢？从遗品来说，朝鲜并没有日本保存得多，因此无法进行详细的比较。把在日本弄不清楚的东西硬是归之为朝鲜，恐怕仅是对问题的回避而已。从与中国的关系来看，朝鲜其实与日本相差不大。如果传到朝鲜发生了明显的变化，那么传到日本也是可能发生的。如果将这一作品放在百济观音与鸟式佛像的中间来看待，或者与龙门浮雕进行比较的话，作为式样上的考察应该不会有太大偏差。长脸或高鼻子的雕刻方式，或许在中国便有了模范。但是，这不能成为此观音并非日本作品的证据。朝鲜人来到日本之后，不可能没有经历过若干变化，向朝鲜人学习的日本人也可能会继续增添某种变化。人们指出的六朝佛的朝鲜化，或许实际上是日本化。不管如何观看朝鲜古佛，也找不到可以断定梦殿秘佛是朝鲜作品的明显特征。

穿过屋檐低下的绘殿走廊，我们来到了后边的传法堂。这里也陈列着众多佛像，但是看过秘佛之后，这些佛像几乎都无法入眼了。走在落满尘埃的地板上，想起了费诺罗萨著作里损坏佛像堆积的插图。看了一下本尊后侧类似于走廊的地方，那里还留着许多年久失修的佛像，尤其是头部与手部杂乱滚落在尘埃之中，给人一种异样之感。

出来之后，我们便直奔中宫寺。建筑非常小巧，说是寺庙，毋宁说是庵室更合适，随处可以感受到尼姑庵的温和氛围。刚好本堂（但看上去更像一座附馆）正在修缮，观音菩萨被从佛龛里请出来，移到僧房的里侧客厅了。我们像客人一样坐在旁侧房间的坐垫上，请僧人打开了隔间的拉门，那种感觉真是名副其实的"拜见"。

我们久违的圣女，安静地端坐在六叠榻榻米[03]大的房间中央，后面是壁龛，前面则排列有小经桌、花台、棉絮鼓起的坐垫。她的半张脸轻轻接受着因右边的格子拉窗而变得非常柔和的光线，上面浮现着慈祥得无比神圣的"魂之微笑"。这已经不仅是"雕刻"也不仅是"推古佛"了，而是一个值得我们从心底跪

<hr />

03　日本的房屋面积计算单位，关东与关西的算法略有差异，此处六叠大约等于 10 平方米。

拜——而且也能如实回应我们的跪拜的——有生命的、高贵的、强有力的、等于慈爱本身的形象。我们就这样一边深切感受着与她个体性的亲密，一边以一种透明的热爱静静凝视她的脸。

"请到菩萨身边来看。"比丘尼温婉地邀请，允许我们这些"古美术研究者"做"研究"。我们趁此机会进入里侧的六叠空间，挪到了"菩萨身边"。然而我们的心情却完全不是比丘尼亲切推测的那种研究状态，而是名副其实的得以靠近"菩萨身边"的单纯喜悦。

此像肌肤的黑色光泽实在是不可思议，也正是因为如此，它虽然是木造，但却好像有着铜一般的强度。这种光泽也非常敏锐地发挥了那些微妙的肌肉、细腻的面部凸凹感。因此，脸部表情表现得极其生动、柔和。悠然闭合的眼睛里，似乎有深切的爱之泪水在闪耀；轻轻微笑的嘴唇周围，某个瞬间灵光一现的爱之表情仿佛真的活动了起来。这些印象，确实都是拜那黑色光泽之赐。脸颊的那种优美，以指尖触碰脸颊的手部那种令人欲罢不能的形态，从手腕到肩膀的清秀柔和等等，如果没有了这一光泽，都是不可想象的。

所以，或固定或遮蔽或夸大光线的相片，都没办法传达此像的面容。

但是，光泽能够起到如此灵活的作用，乃是因为此像的肌肉塑造得非常精妙。在这一点上，它与百济观音完全不同，毋宁说其中施加的是像白凤时代那样的高超写实。在脸部、手腕、膝盖等肌肉里，这种感觉很强烈，特别是在身体与台座的关联方面更加明显。承托身体重量的台座、覆盖台座的衣纹，都极尽工巧。

我们深深陶醉其中，内心深处仿佛有泪水在不断地静静流淌。在这里，慈爱与惆怅的杯子已经完全被溢满了。这是无比至纯的美，是无法用美这一词汇言尽的神圣之美。

我不知道此像本来是观音还是弥勒，它给人的印象实在是称得上圣女的，不过，并不是圣母。在既是母亲又是处女的玛利亚像的美之中，可以看到通过结合母亲之慈爱与处女之清洁来让"女人"净化、透明化的趋向，但是这里面既有哥特式雕刻那种成为母亲的形象，也有像文艺复兴期绘画那样强调女人之美的情形。所以，圣母像有时候会带着救世主之母的威严，

图二四

※ 中宫寺观音

有时候又会表现出被净化的维纳斯之美。然而，这位圣女大概不是人类或者神灵的"母亲"，她那种清纯，始终是属于"处女"的。但是，从她复杂的表情来看，也不会是不谙人情的"处女"——尽管如此，她又更加不是"女人"。维纳斯不管如何被净化，都成不了这样的圣女。可是，在此存在着女性之美，存在着若非女性形体便无法表达的温柔。那这究竟是什么？——是慈悲的显身。是人类内心的慈悲愿望，让它结晶成为了人体的形态。

按照我寡陋的见闻，作为爱之表达，此像恐怕在世界艺术之中也是一个无与伦比的独特存在。比它更加有力、更加具有威严、更加深刻、或者比它更能表现浓烈的陶醉、更能表现热情的作品，恐怕在世界上并不罕见，但是，这种纯粹的慈爱与悲伤的象征，因其毫无阴影的纯一，因其彻底的温柔，或许可以说是举世无双的。如果这种甘美的、牧歌式的、浸透了哀愁的气质反映了当时日本人的心情，那么此像便同时也是日本特质的表现。可以说从旧的《古事记》和歌到新的殉情净琉璃，以物哀与悲伤爱情为核心的日本艺术，早就在此拥有了最优秀的、最明确的代表者。

那些让浮世绘之人陶醉的柔软，让日本音乐的心灵融化的悲哀，虽然蕴含着一点颓废气质，但其根本的核心动向，无疑正是寄托在这尊观音身上的深沉祈愿。法然·亲鸾的宗教也好，被认为淫靡的平安朝小说也好，无不与那种愿望以及从中流淌而出的温良情感保持着同一基调。但是，在此我们应该反省的是，这一特质在多大程度上得到了发育。尽管偶尔会闪现出伟大之物，但却并没有形成一个庞大的潮流。所以，我们的文化之中，可能只有变化而没有发展，仅仅存在缺乏发展的 Variation（变化），而且目前的日本人显然也缺乏一种深化的努力。这同时也是历史事实，其中的特质便必然会伴随着某种弱点。

为了证明此像是日本特质的证据，我们必须先究明朝鲜人的气质。正巧的是，京城 04 博物馆里刚好有两个杰作可以作为考察的材料。一个类似于京都太秦 05 广隆寺那尊胴体细长的弥勒像，另外一个

04　原为"汉城"，1910 年日本吞并朝鲜之后改称"京城"，
　　1945 年朝鲜独立。后改称"首尔"。

05　京都市右京区的地名。以电影拍摄基地以及京都最古老的
　　寺庙广隆寺而闻名。广隆寺内安放有国宝木造弥勒菩萨半跏像。

则类似于这个如意轮观音，两者都是朝鲜现存遗品之中最为卓越的作品。我们不得不承认它们在式样上的相似性。但是作为艺术品而言，其中又有着明显的区别。这种感觉在天平时代得到了很好的发挥，从此像之中已经可以看得出唐代艺术的影响，但我认为那种特质的深化、经典化的最大例子乃存在于天平艺术之中。从法隆寺壁画里也可以看到日本化的痕迹，它们以中宫寺观音的气韵改变了西域式的绘画。这种变化的证据在天平最盛期的艺术里更加明显。建筑方面，这种气质的面纱无疑是笼罩着三月堂或唐招提寺的，但因为没有可资比较的唐代遗物，所以没法断定。雕刻方面，圣林寺的十一面观音也好，三月堂的梵天也好，在天平时代特有的雄大感觉之中，包含着在唐代遗物里无法见到的细腻与柔和。或许可以说，正是那种日本特质变换了形态，从内部施加影响，在唐代式样上添加了另一种情趣与韵味。

这么看来，那尊悲伤而高贵的半跏坐观音像，乃是我们文化的出发点。《古事记》里的和歌并不比此像早多久，《古事记》撰写到今天这种形式的，其实是此像制作大约百年之后了。如果说上宫太子⁰⁶的文化凝结于此像的话，那么上宫太子必定是我国最早的伟人。如果太子的爱情生活可以通过近似于殉情的凄美死亡——夫人与王同死，王的死自然就伴随着夫人的死——来推测的话，其中必有相信而且实现了灵魂融合的、多愁善感的爱情生活。同时，那也是以创造出中宫寺观音作为结果的生活。据称出于上宫太子之手的宪法，之所以如此人道，并不是偶然的。

不过，最初诞生这种文化现象的母胎，乃是我国温厚的大自然吧。我们可爱的、容易亲近的、优雅的、但也与其他自然一样带着深不可测之神秘的岛国自然，如果要具象化到人体形态上，便只能是这尊观音了。沉醉在自然里的甜美心情，是流动、贯通在日本文化之中的显著特征，但其根源，与此观音一样，都是从这个国土的自然之中诞生出来的。能敏锐察觉叶末露珠之美的纤细的自然爱；以一笠一杖融入自然时，与沉静自然的拥抱；那种分化的官能之陶醉；飘逸的心灵之法乐，乍一看似乎与此观音风马牛不相

06　圣德太子（574—622）的别称。

及，但是这种无关，仅仅是关注方向的差异而已。尽管捕捉对象不同，但是与捕捉有关的情感里面有着极其相似的东西。母亲大地的特殊之美，赋予了其胎儿子孙同样的美。对我国文化的考察，最终势必要归结为对我国自然的考察。

我曾经在这个寺庙，见过一位感觉特别像是此观音侍者的尼僧，年约十八九岁，皮肤白净，感觉细腻，待人温和。我带的孩子非常好奇地窥探佛龛内部时，她似乎觉得可爱，一直微笑看着，不久便用清脆的声音说道："小妹妹，观音菩萨真的好黑呀！"我们也彼此交换了一个微笑，当时想，可从来没见过感觉这么好的尼僧。——这天以为也能见到她，但是她到离开时间都没出现，实为一憾。

从中宫寺出来之后，我们去了法轮寺。途中悠闲的农村风光、开着莼菜花的水池、小山起伏的柔和景色，都非常不错。法轮寺的古塔、大眼佛像也很漂亮。荒废的寺内风景颇有趣味。钟楼被当做搁物房，堆满了稻草；本堂后边的树荫下，铺着草席，放着织布机。

〔全书完〕

古寺巡礼

著者
[日]和辻哲郎

译者
谭仁岸

责任编辑
彭毅文

书籍设计
typo_d / 打错设计

出版发行

上海三联书店

地址 / 上海市都市路 4855 号 2 座 10 楼
邮政编码 / 201199
电话 / 021-22895557

印制

联城印刷(北京)有限公司
开本 / 787mm×1092mm 1/32
印张 / 11.5
字数 / 155 千字
版次 / 2017 年 3 月第 1 版
印次 / 2017 年 3 月第 1 次印刷

ISBN

978-7-5426-5633-9/K.385

定价

56.00 元

图书在版编目(CIP)数据

古寺巡礼 / (日)和辻哲郎著;谭仁岸译. 一 上海 :
上海三联书店, 2017.3
ISBN 978-7-5426-5633-9
Ⅰ. ①古… Ⅱ. ①和… ②谭… Ⅲ. ①寺庙–古建筑–
介绍–日本 Ⅳ. ①K931.37

中国版本图书馆 CIP 数据核字(2016)第 158036 号